初中信息科技人工智能课程案例集

赵莹莹　编著

电子工业出版社
Publishing House of Electronics Industry
北京·BEIJING

内 容 简 介

本书可以有效地辅助教师开展人工智能与智慧社会相关内容的教学工作。编者结合多年一线教学经验，深入理解《义务教育信息科技课程标准（2022 年版）》，了解学生及人工智能领域的发展，基于课题研究成果，精心策划了 10 个教学项目案例，其中包括基础应用和跨学科主题学习。这些案例经过 3 轮课程设计、实践、学生反馈和修改后形成，确保了教学内容的丰富性和实用性，其中"基于卷积神经网络的人脸性别识别"课例获得北京市优秀教学设计征集与评选一等奖。

课程案例内容经过精心设计，涉及生活中的各个方面，涵盖了生态保护、医疗、电信、餐饮等多个领域，旨在激发学生对人工智能的兴趣，拓宽其知识视野，培养其跨学科综合解决问题的能力。

每个案例配备了教学资源、微课指导等，教师可以根据自己的教学需求灵活选择使用。这些教学资源能够帮助教师节省大量的备课时间，让教师能够更加专注于学生的学习过程，促进学生的自主学习和合作学习。

未经许可，不得以任何方式复制或抄袭本书之部分或全部内容。
版权所有，侵权必究。

图书在版编目（CIP）数据

初中信息科技人工智能课程案例集 / 赵莹莹编著. —北京：电子工业出版社，2024.4
ISBN 978-7-121-47676-1

Ⅰ. ①初⋯　Ⅱ. ①赵⋯　Ⅲ. ①人工智能－教案（教育）－初中　Ⅳ. ①G633.672

中国国家版本馆 CIP 数据核字（2024）第 075578 号

责任编辑：刘　芳　　　文字编辑：仝赛赛
印　　刷：天津嘉恒印务有限公司
装　　订：天津嘉恒印务有限公司
出版发行：电子工业出版社
　　　　　北京市海淀区万寿路 173 信箱　邮编：100036
开　　本：787×1 092　1/16　印张：7　字数：201.6 千字
版　　次：2024 年 4 月第 1 版
印　　次：2025 年 2 月第 2 次印刷
定　　价：32.80 元

凡所购买电子工业出版社图书有缺损问题，请向购买书店调换。若书店售缺，请与本社发行部联系，联系及邮购电话：（010）88254888，88258888。
质量投诉请发邮件至 zlts@phei.com.cn，盗版侵权举报请发邮件至 dbqq@phei.com.cn。
本书咨询联系方式：（010）88254507，liufang@phei.com.cn。

编 委 会

指导专家：王振强　北京市教育科学研究院
　　　　　　高　勇　北京市教育科学研究院
　　　　　　王　飞　北京市教育科学研究院
　　　　　　李　青　北京邮电大学
　　　　　　秦建军　北京建筑大学
　　　　　　朱丽萍　北京市东城区教育科学研究院

编　　著：赵莹莹
编　　委：陈求实　方　悦　杨自强　勾俊宇
　　　　　　王　峥　潘　艳　蓝　天　钟燕燕
　　　　　　侯建辉　邱　亮

前　言

中国信息通信研究院发布的《人工智能白皮书（2022年）》表明，全球各国正在加大对人工智能的投入，并且把发展人工智能上升到国家战略的高度，比如2021年欧盟通过的"数字欧洲计划"，美国颁布的《2021年美国创新和竞争法案》，都把人工智能作为重中之重。这次人工智能浪潮，是人工智能自诞生以来，第一次大规模地从实验室走向产业应用，学术界喊了多少年的人工智能时代，在算法、算力、数据的同步突破下，似乎真的来了。

为适应时代的需求，推进教育改革，教育部于2022年发布了《义务教育信息科技课程标准（2022年版）》，其中明确了对人工智能课程的要求。旨在通过人工智能与智慧社会模块，让学生认识和感受到人工智能的魅力，知道人工智能发展必须遵循的伦理道德规范，也能认识到智慧社会这一新型社会形态下的新机遇与新挑战。

随着人工智能的不断发展，教师面临着一系列挑战和困惑。其中包括如何使复杂的科学原理更浅显易懂，容易让学生接受；如何在新课标的指导下，在人工智能课程中有效落实核心素养；如何寻找合适的跨学科主题学习案例，引导学生深入了解人工智能的应用；以及如何在项目式学习中关注人工智能隐私安全问题。

本书可以有效地帮助教师走出困惑，辅助其开展人工智能与智慧社会相关内容的教学。编者结合多年一线教学经验，深入理解新课标，了解学生及人工智能领域的发展，基于课题研究成果，精心策划了10个教学项目案例，其中包括基础应用和跨学科主题学习。这些案例经过3轮课程设计、实践、学生反馈和修改后形成，确保了教学内容的丰富性和实用性，其中"基于卷积神经网络的人脸性别识别"课例获得北京市优秀教学设计征集与评选一等奖。

课程案例内容经过精心设计，涉及生活中的各个方面，涵盖了生态保护、医疗、电信、餐饮等多个领域，旨在激发学生对人工智能的兴趣，拓宽其知识视野，培养其跨学科综合解决问题的能力。课程环节设计以激发学生学习兴趣为目标，符合学生的认知特点和学习需求。通过应用体验和实践操作，让学生深入了解人工智能的原理和应用。

每个案例配备了教学资源、微课指导，教师可以根据自己的教学需求灵活选择使用。这些教学资源能够帮助教师节省大量的备课时间，让教师能够更加专注于学生的学习过程，促进学生的自主学习和合作学习。

至于人工智能实践平台，编者经过综合比对，选择了DFRobot平台下拥有自主知识产权的国产青少年编程软件Mind+和深圳市小喵科技有限公司于2016年自主研发的Kittenblock图形化编程软件。软件内置人工智能插件，提供语音识别、语音合成、人脸检测、人脸识别等人工智能应用服务，降低了人工智能的应用门槛，让学生更专注于创意项

前　言

目制作。两款软件均可在官网下载，本书案例使用的为 Kittenblock 1.88 版本软件。为了弥补上述两款软件在模型训练方面的不足，让学生能够体验机器学习的过程，深入探究机器学习的原理，特选择 AI Box 作为模型训练平台。AI Box 是由北京鸣石科技有限公司于 2018 年自主研发的一款 AI 教学软件，涵盖了人工智能和物联网技术，内置了 PyTorch 深度学习框架工具。通过该平台，无需复杂代码，只需简单几步就可以构建自己的深度学习模型，并使用自定义数据集对模型进行训练，从而快速构建决策树、图像分类、目标检测、音频分类等深度学习模型，通过图形化编程调用模型解决真实世界的问题。

本书以项目式学习方式组织教学内容，通过"项目概述""学习目标"和"学习活动详案"等模块帮助读者快速了解项目的背景，明确学生需要达到的知识和能力水平，并提供了具体的教学步骤和指导。

本书提供了一套全面且实用的人工智能与智慧社会教学资源。通过学习多样化的案例，学生能够在实践中深入了解人工智能的应用，有效培养信息科技核心素养。衷心希望本书能够为广大教师和学生提供启发与帮助，成为教师开展人工智能课程的得力助手，为学生打开通往未来的智慧之门，助其成为未来智慧社会的有力推动者和引领者。

由于编者学识和经验有限，本书难免存在一些不足和不当之处，真诚期待各位专家、学者和教师提出宝贵意见，助力本书的改进与完善。感谢您对教育事业的支持与关注！

PPT 课件、编程源代码等配套资源请从华信教育资源网 https://www.hxedu.com.cn/ 获取。

请扫码获取导学案参考答案和全书结构的思维导图。

目　录

项目一　初识人工智能 ··· 1

项目二　语音识别：我的语音小管家 ··· 9

项目三　语音合成：探秘排队叫号 ··· 17

项目四　声纹识别：跟"机智过人"学声纹识别 ·· 25

项目五　声音分类：北京雨燕——基于循环神经网络的声音分类 ··················· 33

项目六　图像分类：基于卷积神经网络的人脸性别识别 ································ 53

项目七　目标检测：疫情中的 AI ·· 69

项目八　人脸识别：人脸识别就餐计费 ·· 77

项目九　AI 预测 2 型糖尿病患病风险及干预措施研究 ··································· 91

项目十　生成式人工智能与智慧生活 ··· 101

项目一　初识人工智能

一、项目概述

  本项目为人工智能初始课，本课最大的任务是明确人工智能的概念，同时激发学生的学习兴趣，让学生带着对新技术的好奇心期待后续的课程。因此第一课通过生动有趣的实例，展示人工智能在日常生活中的应用及应用潜力，引导学生主动思考和积极探索人工智能的应用与发展。

  引导学生关注人工智能带来的安全挑战，虽然人工智能带来了许多便利和创新，但也需要我们谨慎对待其潜在风险和影响。引导学生思考：为什么目前人工智能只能提供意见，不能做决策？智能音箱或手机中的智能助手，会暴露我们的隐私吗？以此激发学生的好奇心和学习兴趣，为他们深入学习后续课程奠定基础。

二、学习目标

1. 了解人工智能的基本概念。
2. 能够区分强人工智能和弱人工智能。
3. 了解人工智能简史。
4. 通过了解人工智能技术的广泛应用，知道智能化将全面渗透到社会的各个领域。

三、学习活动详案

第一课时　初识人工智能			
教学阶段	教师活动	学生活动	设计意图
课堂引入提出问题	提问：想一想，你的生活中有哪些人工智能的应用呢？ 如手机人脸识别解锁，手机语音助手，小爱音箱，无人驾驶汽车等。 提问：人工智能是近几年才出现的吗？ 统计不同观点的学生人数，公布正确答案，其实人工智能这个概念在 1956 年就被提出来了，但是后来人工智能的发展却陷入低谷，是什么原因呢？	思考并回答问题。	让学生体会到人工智能已经渗透到我们生活的方方面面，以激发学生的学习兴趣，鼓励学生从身边的实际

(续表)

教学阶段	第一课时　初识人工智能		
	教师活动	学生活动	设计意图
课堂引入提出问题			应用中思考人工智能的作用，培养学生的好奇心，激发其学习动力。
解决问题新知探究	（一）人工智能和人工智能简史 引导学生观看微课"人工智能简史"，完成导学案上的内容。 （二）强人工智能和弱人工智能 播放视频《弱人工智能和强人工智能》和《AlphaGo》，引导学生判断 AlphaGo 属于强人工智能还是弱人工智能。 提问小结：AlphaGo 虽然战胜了人类的顶尖围棋选手，但是它仍然属于弱人工智能，因为 AlphaGo 只能专注于围棋领域。 随着深度学习、云计算等技术的不断发展，强人工智能的出现是可能的。 一位著名的科普作家于 2014 年出版了一本读物，这本读物于 2016 年 3 月进行第 14 次印刷，书中有一句话："就目前而言，围棋的路数变幻莫测，要想找到完全掌握路数的算法不容易，再加上围棋高手思维的灵活性，计算机想取胜并不现实。"富有戏剧性的是，同年同月，AlphaGo 打败了围棋世界冠军，可见科技在以我们难以想象的速度发展，任何人可能都无法预测未来什么时候会出现强人工智能，我们要做好迎接未来生活的准备。 （三）遍地开花的人工智能 1. 播放冬奥会曲目《雪花》 2022 年北京冬奥会开幕式上的曲目《雪花》利用了基于计算机视觉的实时人体检测和位置追踪，采用了深度神经网络模型，通过四台摄像机覆盖全场，同时捕捉 500 多个孩子的位置，让计算机拥有了比人类还敏锐的视力，将唯美的艺术和奥林匹克精神传递给世界。 2. 播放视频《100 年前的北京》 拥有大量粉丝的自媒体创作人，是出生在北京的"90 后"，他以加拿大摄影师拍摄的 1920—1929 年的老北京黑白影像为基础材料，应用人工智能技术完成上色、修复帧率、扩大分辨率等工作，修复了百年前的北京。	思考并回答问题。	让学生了解人工智能的起源和发展历程，引导学生认识到人工智能的发展是一个渐进的过程，需要长期的探索和努力。

(续表)

教学阶段	教师活动	学生活动	设计意图
	第一课时　初识人工智能		
解决问题新知探究	据估计，这段 10 分钟的视频，如果技术人员逐帧修复，需要十几个人几十天才能完成，但是借助人工智能修复，只用了一周时间。 3．播放视频《体验无人驾驶出租车》 搭载我国本土品牌无人驾驶系统的红旗 EV 车型，已经可以实现世界领先的完全无人驾驶。2022 年，在首钢园，一辆 L5 级无人驾驶汽车完成了 800 米火炬传递，成为奥运史上首位汽车机器人火炬手。此无人驾驶系统已经有 10 年的研发积累，L4 级的测试里程已经超过 5000 万千米，自动驾驶出行服务平台的订单量已经超过 200 万，晋级为 AI 老司机。 播放视频《人工智能自动驾驶科普原理》，引导学生理解无人驾驶的原理。 4．播放视频《虚拟数字人》 "复活"某歌手的虚拟数字人。如果我们已故的亲人能以这种方式存在，也许会缓解我们对他们的思念。 2022 年北京冬奥会上有许多虚拟数字人，比如中国女子自由式滑雪运动员的数字分身，她的长相、神态、动作都与运动员本人神似。 提问：你认为虚拟数字人还可以应用于哪些场景？ 5．播放视频《双足行走人形机器人》 Atlas 是一种先进的双足行走人形机器人，展示了机器人技术的显著进步。它具备出色的平衡和动作能力，在复杂的环境中能够自如地移动、跨越障碍物等，并且能够执行多种任务。 Atlas 机器人有以下特点和功能。（1）双足行走能力：采用双足行走，可以在多种地形上自如行走，并且能够保持平衡，避免跌倒。（2）涉及动力学，具有协调性：它可以高度协调地进行各种动作，如跳跃、翻滚、跨越障碍物等。（3）有传感器和视觉系统：配备多种传感器和摄像头，用于感知周围环境，从而能够适应不同的场景和任务。（4）能自主导航：具备一定程度的自主导航能力，可以在未知环境中探索和移动。 提问：你认为 Atlas 机器人可以应用于哪些领域？请把想法写在导学案上，便于分享。	思考并回答问题。	展示真实生活中的多个人工智能应用，如文物修复、无人驾驶等，帮助学生认识到人工智能已经在生活中发挥了重要作用，能帮助我们提高效率、解决问题，甚至带来新的艺术和文化体验。

(续表)

教学阶段	第一课时　初识人工智能		
	教师活动	学生活动	设计意图
解决问题新知探究	小结：Atlas 最初被设计为救援和协助机器人，可以在灾难和危险环境中执行任务。此外，它也被用于测试和推进机器人技术的发展。		
应用体验	1. 引导学生体验使用人工智能诗歌写作系统。 2. 引导学生体验虚拟人像。 刷新人工智能平台页面，会生成一张看起来非常真实，但实际上不存在对应真人的人像图片。这些图片是通过训练模型，学习大量真实人像照片样本，然后利用生成对抗神经网络生成的。虽然这些虚拟人像在视觉上非常逼真，但没有其对应的真实存在的人。 3. 引导学生利用人工智能作画。	学生登录人工智能平台，体验实践应用。	通过实际体验和创作，引导学生了解人工智能领域的发展，发现其中的奥秘和潜力，为未来数字化时代的学习和创新奠定基础。
课堂小结	今天我们讨论了人工智能的很多应用，发现其确实为我们的生活带来了便捷和乐趣，但是有些问题需要格外注意。请大家观看《自动驾驶事故分析》相关视频。 拓展思考：为什么目前人工智能只能提供意见，不能做决策？你认为智能音箱或手机中的智能助手，会暴露我们的隐私吗？相信通过后面课程的学习，大家能更好地回答上面的问题。	思考并回答问题。	通过思考人工智能的发展潜力和社会影响，培养学生对科技发展的社会责任感。

四、导学案

初识人工智能

（一）填空

1. 被广泛接受的人工智能的定义：研究、开发用于＿＿＿＿＿＿＿＿＿＿＿＿的理论、方法、技术及应用系统的一门新的技术科学。

2. 请你根据相关微课，总结人工智能发展时期的代表应用及发展停滞的原因。把下面的曲线图补充完整。

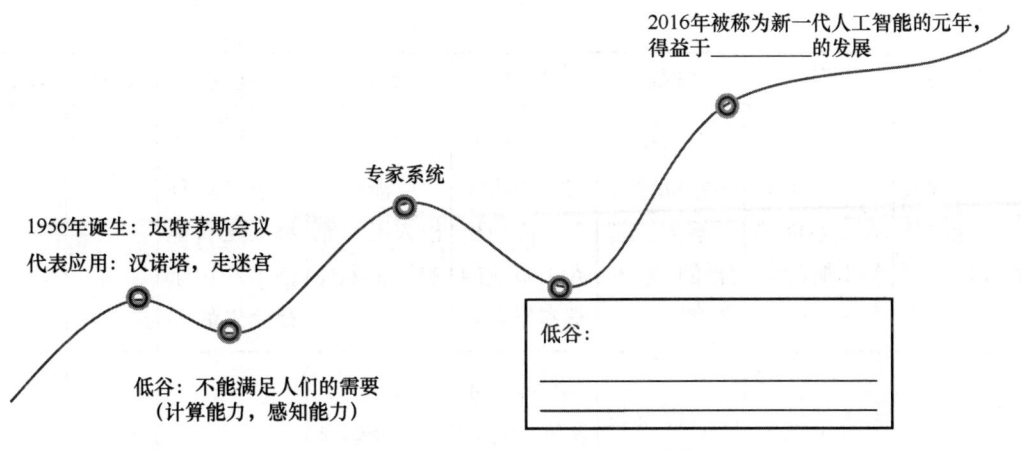

（二）简答

你认为虚拟数字人还可以应用于哪些场景？

_____

_____

你认为 Atlas 机器人可以应用于哪些领域？

_____

_____

五、学习效果评估表

1. 学习态度评价

评价标准	出色完成	完成较好	完成一般	完成不好
分值	5	4	3	2

	评价内容	自评	互评
学习常规	（1）积极思考，完成课堂实践活动。		
	（2）认真倾听老师讲课，积极回答问题。		
	（3）认真倾听同学发言，主动找出与自己观点的异同之处，发表自己的观点。		
合作交流	（4）主动与同学交流，采纳他人好的建议，发表自己的观点。		
	总分		

2. 知识性评价

学习目标	新手	学徒	熟练	出色	完美	自评	师评
了解人工智能的基本概念。	不了解人工智能的基本概念。	需要较多帮助才能了解人工智能的基本概念。	在较少帮助或提示下，能说出人工智能的基本概念。	能够说出人工智能的基本概念。	能够主动思考如何将人工智能技术应用于社会生活。		
能够区分强人工智能和弱人工智能。	不能区分强人工智能和弱人工智能。	需要较多帮助才能区分强人工智能和弱人工智能。	在较少帮助或提示下，能区分强人工智能和弱人工智能。	能够区分强人工智能和弱人工智能。	—		
了解人工智能简史。	不了解人工智能简史。	需要较多帮助才能了解人工智能简史。	在较少帮助或提示下，能了解人工智能简史。	了解人工智能简史。	能向他人介绍人工智能简史。		
通过了解人工智能技术的广泛应用，认识到智能化将全面渗透到社会的各个领域。	不了解人工智能技术的应用。	需要较多帮助才能了解人工智能技术的广泛应用。	在较少帮助或提示下，即可了解人工智能技术的广泛应用，认识到智能化将全面渗透到社会的各个领域。	了解人工智能技术的广泛应用，认识到智能化将全面渗透到社会的各个领域。	能够在人工智能的应用中关注人工智能安全问题。		

六、总结

在人工智能起始课中，教师可以从以下几个方面激发学生的学习兴趣。

1. 引入新颖的人工智能应用实例：展示生动、有趣、新颖的实例，让学生直观感受到人工智能的实际应用和影响，并激发学生对新技术的好奇心。

2．创设互动环节：设计讨论和互动环节，鼓励学生积极分享自己对人工智能的认知和感受。可以通过小组讨论、提问、实际体验等方式，让学生主动思考，参与课堂。

3．开展实践体验与探索：提供实践体验的机会，让学生动手尝试一些有趣的人工智能应用。如使用人工智能诗歌写作系统作诗、生成虚拟数字人等，学生可以更深刻地了解人工智能技术的应用，感受人工智能技术带来的乐趣。实践内容和平台方面，可以根据技术的发展不断更新。

项目二　语音识别：我的语音小管家

一、项目概述

语音识别技术是指计算机系统能够理解人类语音，并将其转化为可识别的文本的能力。目前，语音识别技术已经取得了很大的进展，并在人工智能领域扮演着重要的角色。

通过语音识别技术，我们可以与智能助手进行对话；通过语音控制家电等，人们与计算机之间的交流更加便捷、顺畅。语音识别技术在自然语言处理、智能客服、语音翻译等领域都有广泛的应用。例如，我们可以利用语音识别技术开发智能助手，使其能够理解和回答我们的问题；在语音翻译方面，语音识别技术可以将说话者的语音转化为目标语言的文字，实现实时翻译；在医疗领域，语音识别技术可以帮助医生记录病历，并将其转化为文字，进行数据分析。

随着机器学习和深度学习等技术的发展，语音识别的准确性和稳定性得到了大幅提升。现在的语音识别系统能够准确地将人类的语音转化为文字，并且在各种环境和语音特点下都能取得较好的效果。

本项目以"我的语音小管家"为主题，引导学生利用语音识别技术控制家用电器，主题内容贴近学生生活，任务设计具有开放性。带领学生在创新实践中感受人工智能给生活带来的便捷，同时让学生理解语音识别技术的基本原理。

二、基本概念梳理

本项目涉及语音识别的定义和基本原理、声学模型、语音模型等重要概念，以下分别做简要解释。

语音识别通常分为声纹识别（Voiceprint Recognition）和说话内容识别（Speech Content Recognition）两类。本项目讨论的语音识别指说话内容识别，声纹识别将在后面的项目中继续讨论。两者的原理和实现方法相似，只是提取的参数和训练的目标不同。

语音信号通常是以波形编码的方式存储和传输的，在进行识别之前，需要进行预处理和特征提取两个步骤。

下面以通过语音识别技术将语音"我爱中国"转换为文字为例，如图 2-1 所示，介绍语音识别的一般过程和原理。

图 2-1　语音转换为文字示意图

第一步，录音，即使用麦克风或其他录音设备捕捉说话者说出的语音"我爱中国"。

第二步，预处理，即对录制的语音信号进行预处理，如去除噪声、调整音频增益等，以提高后续处理的准确性。

第三步，特征提取，即将经过预处理的声音信号转换为特征向量，常用的特征提取方法有梅尔频率倒谱系数（Mel Frequency Cepstrum Coefficients，MFCC）等。

第四步，建模，即使用大数据训练声学模型和语言模型。

声学模型训练：使用深度神经网络（Deep Neural Networks，DNN）建立声学模型。在训练阶段，提供大量的语音样本，其中包括"我爱中国"及其他词语和句子的语音样本。DNN 学习如何从声音的特征向量中提取有关词语和句子的信息。

语言模型训练：使用大量的文本数据来训练语言模型。这些文本数据包括"我爱中国"及其他相关的句子和词语。语言模型学习不同词语和句子之间的概率关系。

第五步，解码和输出，即通过声学模型和语言模型对特征序列进行解码，找到最具可能性的文本并输出。首先使用声学模型解码，使用训练好的声学模型，对输入的特征向量进行解码，找出最匹配的词语或句子，如图 2-2 所示。在这个例子中，声学模型通过计算得出这段声音对应的文本最有可能是"wo ai zhong guo"，但是中文的一个发音可能对应多个不同的文字，这些文字要串联成有意义的句子，就需要语言模型进行评估了。在语言模型评估阶段，使用训练好的语言模型对声学模型的输出进行评估和校正，即可以根据概率选择最可能的词语组合，比如"我爱中国"。

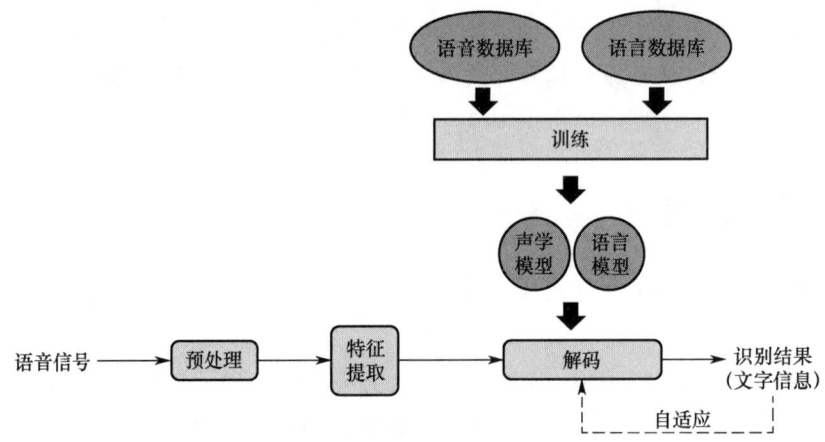

图 2-2　语音识别系统简易结构框图

简而言之，声学模型帮助我们将声音转化为有序的音素序列，就像把语音变成拼图的各个小块；而语言模型则根据语言的规则和概率来确定最具可能性的词语或句子，就像把拼图块按照规则组合成完整的图片。举个例子，声学模型可以帮助我们将一段声音转化为音素序列"wo ai zhong guo"，而语言模型则可以根据概率选择最具可能性的词语组合，如"我爱中国"。

三、学习目标

1. 对语音合成、语音识别、自然语言处理这三种技术有感性认识，了解三者之间的区别和联系。
2. 能够根据提示说出语音识别的基本原理。
3. 能够理解语音识别的一般过程。
4. 利用语音识别技术设计我的"语音小管家"，感受人工智能技术为生活带来的便利。

四、学习活动详案

第一课时 我的"语音小管家"			
教学阶段	教师活动	学生活动	设计意图
课堂引入提出问题	提问：想一想，家里哪些电器用语音控制比较方便？请你说说为什么。 提示：比如有些电器需要用遥控器，而我们经常忘了遥控器在哪里。 这节课我们就来设计一个"语音小管家"。 播放使用"语音小管家"控制开灯和关灯的视频，引导学生说出"语音小管家"实现的功能：当"语音小管家"听到关键词"开灯"时，灯会亮，并发出"灯已开"的提示音；当"语音小管家"听到关键词"关灯"时，灯会熄灭，并发出"灯已关"的提示音。	思考并回答问题。	学生对语音控制已有简单的认识，如有些学生用到的语音助手。通过提问，让学生思考人工智能与生活的关系，为实践创新环节的创意设计做准备。
解决问题新知探究	提问：计算机是怎么和我们对话的？用到了哪些技术？ 活动：请把下面的技术与场景进行关联匹配。（播放提前录制好的视频，包括展示虚拟数字人、微信语音转文字、与手机中的语音助手互动。） 请把下面的技术与场景进行关联匹配 语音识别　语音⇨文字 将用户输入的语音转化为文本，为后续的文本处理提供基础。 语音交互系统 自然语音处理　问⇨答 对文本进行理解和分析，让计算机能够"理解"用户的话，并生成相应的回应文本。 语音合成　文字⇨语音 将回应文本转化为语音，以语音的形式对用户进行回应。 今天我们就来揭秘语音识别技术是怎样实现的。	思考并回答问题。	通过连线活动，让学生对三种技术有感性认识，激发学生的学习兴趣。

(续表)

教学阶段	教师活动	学生活动	设计意图
	第一课时　我的"语音小管家"		
解决问题新知探究	【语音识别的基本原理】 提问：请同学们猜想，语音识别是通过哪种逻辑实现的？ 一、语音识别的基本原理 逻辑一　　　　　　　　逻辑二 编写程序：　　　　　　If（听到语音"你好中国"） If（听到"你好中国"）　声学模型　匹配 Printf（你好中国）　训练　语言模型　输出结果 　　　　　　　　　　　Printf（你好中国） 小结：逻辑二符合目前语音识别技术的基本原理，如果听到语音"你好中国"，先进行特征提取，再通过训练好的声学模型与语言模型进行比对，最后输出文字信息"你好中国"。 系统也需要学习，我们给它大量的数据让它学习，这个过程就叫作训练。我们要训练出什么呢？训练出声学模型和语言模型，使识别更准确。什么是声学模型，什么是语言模型呢？我们先来做一个游戏。 游戏名称：我写，你猜。 A 同学扮演声学模型，其他所有同学扮演语言模型，老师扮演语音输入者，老师悄悄地告诉 A 同学一句话，A 同学把它转化成相应的拼音并写在黑板上，在写的过程中，所有同学都可以猜测这句话是什么，猜对者加一分。 游戏总结：通过这个游戏，咱们发现，声学模型的主要任务就是把声音信号对应到单个文字的发音。 但是中文的一个发音可能对应多个不同的文字，这些文字又会串联成有意义的句子，那么具体对应什么文字、什么句子呢？这就需要语言模型来帮忙了。 语言模型的功能就是基于声学模型的输出结果，根据组合的可能性大小输出结果。	根据老师的提示进行游戏，理解声学模型和语言模型的作用。	通过猜想环节，让学生体会人工智能思维和编程思维的不同。 由于模型是人工智能领域非常重要的概念，因此在梳理语音识别技术原理时，把声学模型和语言模型单独进行讲解，让学生能够更好地理解人工智能的本质，了解与语音识别技术相关的关键要素，从而更好地理解和应用人工智能的核心概念和技术。 把声学模型和语言模型的原理融入游戏中，吸引学生的学习兴趣，让学生更容易理解。

(续表)

教学阶段	教师活动	学生活动	设计意图
解决问题新知探究	第一课时 我的"语音小管家" 一、语音识别的基本原理 *（图示：训练——声学模型（将声音信号对应到单个文字的发音）、语言模型（计算一个句子出现的可能性）；任务——声学模型通过计算得到这段声音对应的文本最有可能是"lu yao zhi ma li ri jiu jian ren xin"，ren xin对应什么文字？可能的输出结果是人心、仁心、仁信，但是不会出现"刃新"，这就是语言模型的功劳。）* 为什么在游戏中我们能很快地猜到老师说的话呢？因为在十几年漫长的学习中，我们已经对这些语句非常熟悉，在大脑里构建了声学模型和语言模型，所以能准确地猜出来，如果让一个不会中文的学生来猜，也许就没那么快猜出来了。 【语音识别的过程】 1．采样处理 系统在进行语音识别时，对输入的原始语音信号进行处理，消除其中不重要的信息或背景噪声，再调整语音、语调大小，这样就完成了语音识别的前期准备工作。 思考：参加英语口语考试时，你会担心旁边同学的声音影响到自己吗？ 2．特征提取 系统提取出每段声音中的特征，将这些特征转换成数字参数，并存储起来。这些参数可用于后续的分类或识别；然后进入声学模型，分析这些数字参数对应的音素分别是什么。 怎么提取特征呢？这涉及复杂的数学公式和复杂的算法，就不一一赘述了，有兴趣的同学今后可以自行了解。 ▶二、语音识别的过程 2．特征提取 机器提取出每段声音中的特征，将这些特征转换成数字参数，并存储起来。这些参数可用于后续的分类或识别；然后进入声学模型，分析这些数字参数对应的音素分别是什么。 *（图示：获取声音特征 → 声学模型 / 语言模型 → 我爱中国 文字输出；wo ai zhong guo）*	思考并回答问题。	通过类比分析语音识别的基本原理，便于学生理解。

· 13 ·

（续表）

教学阶段	第一课时　我的"语音小管家"		
	教师活动	学生活动	设计意图
解决问题新知探究	3．文字输出 　　获取声音特征之后，系统利用训练好的声学模型和语言模型进行比对，逐个计算每个字出现的概率，比如，针对第一个字，系统的分析结果为：10%的概率为"卧"，90%的概率为"我"，那么就选择"我"；第二个字的分析结果为：20%的概率为"唉"，30%的概率是"哎"，50%的概率是"爱"，那么就选择"爱"；以此类推。最后根据语音识别的结果，显示完整的句子。 【实践创新】 　　基础任务：完成通过语音控制智能管家系统开灯、关灯的功能设计。 　　拓展任务：设计智能管家系统，完成多种（3种以上）家用电器或物品的语音控制。 　　要求：（1）家用电器或物品选择合理，能体现技术为生活提供了便捷。 　　（2）可通过互联网搜索相关图片，设计背景和角色，参考微课提示完成项目设计。 　　Mind+和Kittenblock软件基于百度AI的云端服务有一定的免费次数额度，但是有些服务，如语音识别服务可能调用得多一些，所以服务可能会超出额度，导致语音识别等功能无法正常使用。百度AI针对新用户提供了很多免费次数额度，因此建议教师注册自己的百度智能云账号，开通相关功能的API，在课堂上可以登录账号调用服务。 　　人工智能中的API（Application Programming Interface）是一个非常重要的概念，它允许不同的软件应用程序之间进行交互和通信。在人工智能领域，API可以用于访问和调用各种人工智能服务和功能，如语音识别、图像识别、自然语言处理等。通过API，开发人员可以将人工智能功能集成到其他应用程序中，从而实现更强大和更智能的功能。 【展示交流】 展示具有创新性的学生作品。	根据微课提示完成语音管家的项目设计。	通过展示交流，激发学生的创新意识。

（续表）

教学阶段	教师活动	学生活动	设计意图
课堂小结	小结：刚才我们在实践的时候，用到了"听候语音输入"模块，从这个时候开始，语音识别就开始了，通过特征提取，利用声学模型和语言模型进行解码，最后以文本形式输出。当我们用到"当听到开灯"模块时，它会进行关键词比对，即查找听到的语音中有没有"开灯"这个关键词，如果有，就继续执行动作，这样我们就完成了语音控制。 ▶小结 语音 → 采样 → 特征提取 → 解码 → 输出 声学模型 语言模型 思考题：语音控制还可以应用在哪些领域？它给我们带来了哪些方便？	思考并回答问题。	通过理论和实践，再次回顾语音识别的原理，体现"科""技"并重。

五、学习效果评估表

1. 学习态度评价

评价标准	出色完成	完成较好	完成一般	完成不好
分值	5	4	3	2

	评价内容	自评	互评
学习常规	（1）积极思考，完成课堂实践活动。		
	（2）认真倾听老师讲课，积极回答问题。		
	（3）认真倾听同学发言，主动找出与自己观点的异同之处，发表自己的观点。		
合作交流	（4）主动与同学交流，采纳他人好的建议，发表自己的观点。		
	总分		

2. 知识性评价

学习目标	新手	学徒	熟练	出色	完美	自评	师评
能够说出语音合成、语音识别、自然语言处理的区别和联系。	不能说出语音合成、语音识别、自然语言处理的区别和联系。	需要较多帮助才能说出语音合成、语音识别、自然语言处理的区别和联系。	在较少帮助或提示下，能说出语音合成、语音识别、自然语言处理的区别和联系。	能够说出语音合成、语音识别、自然语言处理的区别和联系。	能够主动思考如何将语音识别技术应用于其他领域。		
能够根据提示理解语音识别的基本原理。	不能理解语音识别的基本原理。	需要较多帮助才能理解语音识别的基本原理。	在较少帮助或提示下，即可理解语音识别的基本原理。	能够根据提示理解语音识别的基本原理。	在毫无提示的情况下，能够向他人解释语音识别的基本原理。		
能够理解语音识别的一般过程。	不能理解语音识别的一般过程。	需要较多帮助才能理解语音识别的一般过程。	在较少帮助或提示下，能理解语音识别的一般过程。	能理解语音识别的一般过程。	在毫无提示的情况下，能够向他人解释语音识别的一般过程。		
利用语音识别技术设计"我的语音小管家"，感受人工智能技术为生活带来的便利。	不能设计"我的语音小管家"。	需要较多帮助才能设计"我的语音小管家"。	在较少帮助或提示下，即可设计"我的语音小管家"。	能够通过设计"我的语音小管家"，感受人工智能技术为生活带来的便利。能完成拓展任务。	能够利用语音识别技术解决其他同类问题。		

六、总结

本项目立足语音识别任务，让学生通过认识身边的人工智能应用，体会人工智能在我们生活中发挥的作用。同时对底层原理进行揭秘，通过实践活动帮助学生理解人工智能的特点、功能和优势。

项目三　语音合成：探秘排队叫号

一、项目概述

本项目的主要内容为揭秘语音合成技术原理，模拟银行等公共场合语音排队叫号。语音合成是一项重要的人机交互技术，它可以将文本转化为语音，并且可以根据需要定制特定人物的声音，甚至模仿真人的情感和语气。通过学习本项目，学生将深入了解语音的基本组成和语音合成的基本原理，体验语音合成的过程，并通过语音合成排队叫号的实践活动体验语音合成在生活中的应用。

二、基本概念梳理

本项目涉及语音合成的定义、基本原理及其他重要的相关概念。以下将分别对这些概念进行简明的解释。

语音合成技术是将文字转化为语音的过程，使计算机系统能够通过模拟人类声音来表达文本信息。

语音合成的基本原理是将文本信息转换为相应的语音波形，涉及文本分析、韵律处理和声学处理三个关键步骤。语音合成的基本过程如图 3-1 所示。

图 3-1　语音合成的基本过程

在文本分析阶段，系统首先对输入的文本进行分析，包括文本预处理、分词、词性标注、句法分析、语义分析等。

韵律处理是为了表达情感和语气，确定语音的节奏、音调、语调、停顿等韵律特征，使合成的语音更加自然和生动。

声学处理的过程是声学模型根据文本分析和韵律处理的结果，将文本转换为声学参数，如基频、共振峰频率、共振带宽等。这些参数描述了语音的声音特征。

最后，系统根据韵律特征和声学参数，生成合成的语音波形，再将生成的语音波形输出为声音信号。

需要注意的是，不同的语音合成系统可能会有不同的处理流程和步骤，但大致的流程是相同的。

语音合成技术在过去几年有了显著的进步，现在可以产生更加自然和流畅的合成语音,甚至可以根据需要模仿特定人物的声音和情感,在人机交互、智能语音助理、语音提示系统等领域广泛应用。

三、学习目标

1. 了解语音合成的概念。
2. 能够描述语音合成的过程。
3. 能够利用语音合成技术解决简单的实际问题。

四、学习活动详案

\multicolumn{4}{c}{第一课时　探秘语音合成排队叫号}
教学阶段	教师活动	学生活动	设计意图
课堂引入提出问题	播放提前准备好的语音"请001号客户到一号窗口办理"。 提问:你听过这样的排队叫号提醒语音吗?在哪里听到过?这是真人的声音吗? 请同学们看一部纪录片的节选视频,视频中进行解说的是一位著名的配音演员,这位配音演员在2013年因病去世了,而这部纪录片却拍摄于2018年。 提问:声音怎么来的呢? 小结:声音是通过语音合成的,语音合成技术不但能够帮我们将文字转成语音,还能根据需要定制某人的声音,这凭借的是什么技术呢?这节课我们就来揭秘语音合成的秘密。	回答问题:银行、政府办事大厅等。	从学生熟悉的场景入手,思考语音合成技术的应用场景。
解决问题新知探究	(一)语音的基本组成 在介绍语音合成之前,我们先要弄清楚这些问题:什么是语音?语音有哪些要素? 语音就是人说的话,它的记录形式是一段一段的波形。语音有三大要素:信息、韵律和音色。如果能将语音充分自由地拆解和组合,将是对语音的巨大解放,未来语音将有无限的发展空间。 下面我们将语音进行拆解。语音中的信息是指说话的人说了什么内容;韵律是我们说话时声音的高低、快慢等。下面我们通过一个课堂活动来理解什么是韵律。	思考并回答问题。	语音合成原理较抽象,因此通过拆解语音的基本要素,方便学生理解。

(续表)

教学阶段	教师活动	学生活动	设计意图
	第一课时 探秘语音合成排队叫号		
解决问题新知探究	**韵律活动** 活动名称："听一听，评一评，猜一猜"。 活动规则：听三段声音，参考老师提供的评分标准为声音评分，猜一猜，哪些声音是人类语音？哪些是计算机合成的语音？你更喜欢哪一段声音？为什么？更愿意与哪个发声者交谈？ 活动小结： 这三段声音只有最后一段是真人配音，你会发现这段声音的情感非常饱满，语气更加自然，听起来更亲切。前两段是计算机合成的语音，这两段声音相比较也是有差别的，我更愿意选择第二段，因为这段声音听起来更流畅，情感更丰富。将文字转化成语音并不难，难的是使合成的语音含有人类的情感，这就需要从韵律方面解决。 提问：请同学们猜一猜，语音三大要素中的音色是什么？ 小结：有一句俗语：未见其人，先闻其声。通过语音的音色可以判断这段话是谁说的。下面我们通过一个课堂活动来理解什么是音色。 **音色活动** 活动名称："猜猜我是谁"。 活动规则：a 同学站在最前面，面对黑板。老师随机找一位同学（b 同学），b 同学在后面叫 a 同学的名字，a 同学不能回头看 b 同学，a 同学通过听声音猜测 b 同学是谁，并说出其名字。 活动小结： 我们可以通过不同人的音色分辨出来这是谁，甚至判断出谁的声音更好听。 和大家分享一个伤感又温情的故事：一位身患肺癌的父亲在他生命的最后阶段录制了一些自己的声音，并做成一个音库，放置在智能音箱中。在他去世后，让智能音箱陪着他的孩子长大，让孩子还能听到爸爸的声音。播放视频《音箱里的爸爸，未来我用声音陪你长大》。	根据提示在导学案上对三段声音进行评分，根据个人喜好对声音效果进行评价。 根据老师的引导，通过游戏活动了解音色的重要作用。	语音合成原理较抽象，因此设计丰富的课堂活动，帮助学生直观理解语音的基本要素，激发学生的学习兴趣，为深入理解语音合成的原理做准备。

(续表)

教学阶段	教师活动	学生活动	设计意图
解决问题新知探究	**第一课时 探秘语音合成排队叫号** （二）语音合成的基本过程 语音合成过程：输入文本 → 文本分析 → 韵律处理 → 声学处理 → 输出语音 语音三要素：　　信息　　韵律　　音色 　　语音合成的过程是什么？在文本分析阶段，系统首先对输入的文本进行分析，包括文本预处理、分词、词性标注、句法分析、语义分析等。韵律处理是为了表达情感和语气，使合成的语音更加自然和生动。声学处理的过程是声学模型根据文本分析和韵律处理的结果合成最终的音频文件，最后输出语音。 （三）语音合成体验 　　引导学生利用"剪映"软件，使用其字幕功能，通过语音合成，生成自己喜欢的诗句朗读作品。 　　具体方法：打开"剪映"软件专业版，单击"文本"选项卡，选择"默认本文"样式，添加到字幕轨道；然后输入喜欢的诗句文本，选择"朗读"选项卡，选择喜欢的朗读声音样式，单击"开始朗读"按钮即可。 （四）项目实践 　　提问：你还记得在银行办业务时叫号的场景吗？请你分析一下叫号系统的主要功能。	打开"剪映"软件，体验语音合成的过程。	

(续表)

教学阶段	教师活动	学生活动	设计意图
	第一课时 探秘语音合成排队叫号		
解决问题新知探究	银行柜员　　　　语音播报和屏幕显示 按下按钮　──→　请001号到1号窗口办理 按下按钮　──→　请002号到1号窗口办理 按下按钮　──→　请003号到1号窗口办理 　　　　　　　　…… 提问小结：当1号银行柜员按下按钮时，语音播报"请001号到1号窗口办理"；当该银行柜员再次按下按钮时，语音播报"请002号到1号窗口办理"，以此类推。 【实践创新】 　　基础任务：请你参考微课，利用 Mind+ 或 Kittenblock 软件完成模拟银行排队叫号系统的语音识别功能设计。 　　拓展任务：请你在完成基础设计任务后，参考银行排队叫号的真实场景，融入其他功能设计。 　　基础任务的简易程序如下图所示。 初始化：按下绿旗，选择"度小宇"声音，将变量设置为1，即从1号开始叫号，造型为"请001号到1号窗口办理" 主程序：按下空格，开始叫号，重复执行三次，即让度小宇重复播报三次语音"请001号到1号窗口办理"，播报之后变量加1，造型切换为下一个造型 实践小结： 　　使用"tts 文字转语音"模块可连接文字信息。在"tts 人物"模块选择特定的"人物"，如度小宇，则是指使用该人物的语音、语调、语速等特征进行朗读。它直接调用了百度语音合成的 API。我们可以发现该模块使用起来非常简单，但是程序内部需要使用一系列复杂的算法和技术支持来完成信息分析、韵律处理、声学处理，以生成最终的语音并输出。	根据微课提示完成项目实践。	引导学生利用微课进行学习，培养学生的自主学习能力，将任务设置成不同层次，以满足学生个性化、差异化的学习需求，进而激发学生的探究欲望和创造力。 通过体验应用和实践活动，培养学生对新兴科技的兴趣和创新意识，同时了解人机交互技术对我们日常生活和工作的积极影响，为其未来适应数字化社会打下坚实的基础。

· 21 ·

(续表)

第一课时 探秘语音合成排队叫号				
教学阶段	教师活动	学生活动	设计意图
课堂小结	今天我们学习了语音合成的基本原理,也通过实践活动模拟了语音合成技术在银行叫号系统中的应用。语音合成技术能够将文本转化为语音,并且可以模仿真人的情感和语气,这为我们的生活带来了很多便利。你还能想到语音识别的其他应用场景吗?在这些场景中,我们为什么要用系统合成语音,而不用真人语音呢?请你下课后思考一下这些问题。	总结并思考。	对课程内容进行总结,引发学生进行更深入的思考。

五、导学案

语音合成:探秘排队叫号

(一)听一听、评一评

请参考下面的评分标准为听到的3段声音打分。

优+	5	非常自然。语音达到了广播级水平。从整体上来说,语音清晰流畅,非常容易理解,声音悦耳动听,听音人非常乐意接受。
优	4.5	自然,听起来完整,没有明显不正常的韵律起伏,比较清晰流畅,比较容易理解,听音人愿意接受。
优-	4	还可以。没有出现明显的分词错误和严重的语言韵律错误,有很少的(如一两个)音节不太清楚,听音人可以没有困难地理解语音的内容,听音人认为可以接受。
良	3.5	不太自然。语音还算流畅,语音中的错误比较少,偶尔有几个音节不太清楚,韵律起伏比较正常,错误比较少,听音人勉强可以接受。
中	3.0	可接受。语音不太流畅,有比较容易察觉的语言错误,有一些不太正常的韵律起伏,一般情况下听音人可以努力理解语音的内容,但不太愿意接受。
差	2.0	比较差,语音不流畅,听起来只是把单独的音节简单地堆砌到一起,没有正常的韵律起伏,有一些词不太清晰,难于理解,整体上听音人可以听懂一些内容,但是不能接受。
劣	1.0	能明显听出是机器音。很不清楚,语音无流畅可言,只能听懂只言片语,基本上无法理解,完全不能接受。

声音 1 得分：＿＿＿＿＿＿

声音 2 得分：＿＿＿＿＿＿

声音 3 得分：＿＿＿＿＿＿

（二）猜一猜（填序号即可）

1. 哪段声音是人类语音？＿＿＿＿＿＿＿＿＿＿＿＿＿＿＿＿＿＿＿＿＿＿＿＿
2. 哪段声音是计算机合成的语音？＿＿＿＿＿＿＿＿＿＿＿＿＿＿＿＿＿＿
3. 你更喜欢哪一段声音？为什么？＿＿＿＿＿＿＿＿＿＿＿＿＿＿＿＿＿＿
4. 基于这几段声音，你更愿意与哪个发声者交谈？＿＿＿＿＿＿＿＿＿＿＿

六、学习效果评估表

1. 学习态度评价

评价标准	出色完成	完成较好	完成一般	完成不好
分值	5	4	3	2

	评价内容	自评	互评
学习常规	（1）积极思考，完成课堂实践活动。		
	（2）认真倾听老师讲课，积极回答问题。		
	（3）认真倾听同学发言，主动找出与自己观点的异同之处，发表自己的观点。		
合作交流	（4）主动与同学交流，采纳他人好的建议，发表自己的观点。		
	总分		

2. 知识性评价

学习目标	新手	学徒	熟练	出色	完美	自评	师评
知道语音合成是什么。	不能说出语音合成是什么。	需要较多帮助才能说出语音合成是什么。	在较少帮助或提示下，能说出语音合成是什么。	能够说出语音合成是什么。	能够主动思考如何将语音合成技术应用于其他领域。		
能够描述语音合成的过程。	不能描述语音合成的过程。	需要较多帮助才能描述语音合成的过程。	在较少帮助或提示下，可以描述语音合成的过程。	能够描述语音合成的过程。	能够将语音合成技术应用于其他领域。		

(续表)

学习目标	新手	学徒	熟练	出色	完美	自评	师评
能够利用语音合成技术解决简单的实际问题。	不能完成语音合成排队叫号系统的设计。	需要较多帮助才能完成语音合成排队叫号系统的设计。	在较少帮助或提示下，能完成语音合成排队叫号系统的设计。	能够完成语音合成排队叫号系统的设计。	在完成语音合成排队叫号系统设计的基础上，加入了自己的创新内容。		

七、总结

新课标对信息科技的要求为"科""技"并重，作为引领第四次科技革命的重要力量，人工智能也是一种前沿科学。在信息科技的课程学习中，要求学生不但能应用人工智能，也能了解其中的基本原理和方法。

考虑到初中生的年龄特点，在项目原理部分，可以结合课堂活动和游戏，提升学生的学习兴趣。避免大段理论知识的讲授，让学生在做中学，学中思。此外，引入有趣的人工智能应用案例，如智能机器人、语音助手等，让学生了解人工智能在日常生活中的实际应用，激发学生对科技的兴趣和探索欲望。

项目四 声纹识别：跟"机智过人"学声纹识别

一、项目概述

随着科技的不断发展，我们时常被骚扰电话困扰。传统的骚扰电话标记方法已不再适用，因为现代诈骗电话往往使用网络软件拨号，难以追溯和标记。然而，我们每个人的声音都是独一无二的，声纹识别技术正是利用声音的唯一性来解决这一问题的。本项目利用声纹识别技术设计手机防骚扰程序，让学生充分了解和体验声纹识别技术的独特魅力。

本项目主要包括三个部分。第一部分，了解声纹识别的原理和基本过程，明白声纹如何证明"我"是"我"。第二部分，探究声纹识别的应用场景，特别是手机防骚扰软件中的功能分析和实现方式。第三部分，参与设计手机防骚扰程序项目，利用声纹识别技术设计并编写简易程序，实现录入声音、采集新声音并进行识别的过程。

二、基本概念梳理

本项目涉及声纹识别的定义、基本原理及其他重要的相关概念。

声纹识别是一种通过分析个体声音特征来进行身份认证和识别的技术。其基本原理是利用不同个体喉咙、口腔、鼻腔等身体部位的结构和大小差异，导致发声时产生不同的声音频谱，从而形成各自独特的声纹特征。声纹识别的基本过程包括声音录入阶段和声纹识别阶段。

1. 声音录入阶段

在声音录入阶段，需要采集并建立每位用户的声纹模型。

首先，用户发出一段特定的语音或唱一首特定的歌曲，作为声音样本，用于建立声纹模型，这个过程简称声纹建模。在这个阶段，需要多次录入声音样本，以确保获取更全面和准确的声纹特征。然后，系统对录入的声音样本进行处理。在处理过程中，声音样本会被转化为数字化的声纹特征向量。声纹特征向量包含一系列与声音频谱有关的数值，这些数值代表了用户声音的特征。最后，所有录入的声音样本的声纹特征向量被聚合在一起，形成该用户的声纹模型，用于后续的声纹识别。

2. 声纹识别阶段

在声纹识别阶段，首先，用麦克风采集需要检测的声音，并将其转换为数字化的声纹特征向量。然后，系统对这个新的声纹特征向量进行处理，并建立声纹模型。最后，系统将得到的声纹模型与声纹识别库中的声纹模型进行逐一比对，找到匹配度最高的那个声纹模型，从而确定该声音样本所属的用户，如图4-1所示。

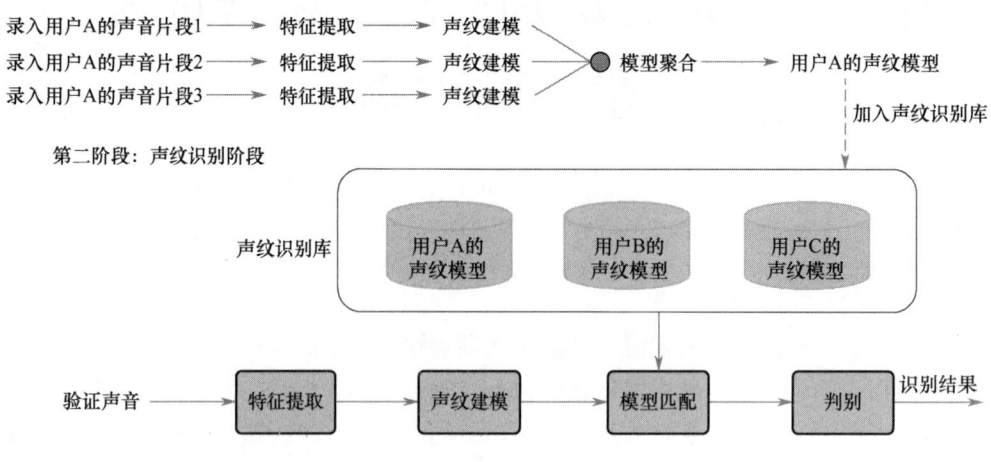

图4-1 声纹识别基本过程示意图

通过声纹识别，可以实现系统对用户声音的自动识别和辨认，解决手机骚扰电话等的身份认证问题。声纹识别是目前比较高效、准确且便捷的身份验证技术。

三、学习目标

1. 能够说出声纹识别的原理和基本过程。
2. 能够分析手机防骚扰程序的基本功能，理解其工作原理。
3. 能够绘制简易程序流程图，运用声纹识别技术设计模拟手机防骚扰程序。

四、学习活动详案

第一课时　跟"机智过人"学声纹识别				
教学阶段	教师活动	学生活动	设计意图
课堂引入，提出问题	提问：以前我们接到骚扰电话时会将其标记为广告推销或诈骗电话，但是现在很多诈骗电话使用网络软件拨号，没有固定的电话号码，那就没办法标记了吗？想一想，可以用什么办法解决这个问题？ 小结：一般接听骚扰电话时，我们不知道对方是谁，有时候连对方手机号都是虚拟的，我们唯一能够听到的就是对方的声音，所以能不能利用每个人声音的唯一性来做点什么呢？有一个公司开发了一款软件，即用声纹识别技术来屏蔽骚扰电话，我们来看一下到底是怎么回事。	带着问题观看视频，完成导学案。	学生通过观看视频总结声纹是什么及声纹的特点，为声纹识别原理的学习打下基础。以观看综艺节目的方式展示学习内

(续表)

教学阶段	教师活动	学生活动	设计意图
	第一课时　跟"机智过人"学声纹识别		
课堂引入提出问题	引导学生观看《机智过人之优听声纹识别》视频片段一，在看的过程中完成导学案第一部分的问题。 提问：为什么声纹可以证明"我"是"我"？		容，激发学生的学习兴趣。
解决问题新知探究	1. 声纹识别的原理探究 引导学生观看《机智过人之优听声纹识别》视频片段二，完成导学案上的内容，引导学生总结声纹识别的基本过程。 　　小结：第一阶段是声音录入阶段，这个阶段是建立声纹识别库的过程，即让系统**认识**用户的声音的过程。刚才在视频中看到一位嘉宾模仿了很多人的声音，她说了很多话，在这个过程中实际已经录入了很多声音，系统负责提取声音特征，建立声纹模型，再把这些模型聚合在一起，形成该用户的声纹模型。 **声纹识别的基本过程** 第一阶段：声音录入阶段基本流程 录入用户A的声音片段1 → 特征提取 → 声纹建模 录入用户A的声音片段2 → 特征提取 → 声纹建模 → 模型聚合 → 用户A的声纹模型 录入用户A的声音片段3 → 特征提取 → 声纹建模 　　第二阶段是声纹识别阶段，即系统采集到新的声音后，和声纹识别库中的声纹模型进行匹配，判断是谁的声音。首先通过麦克风采集需要检测的声音，如刚才视频中那位女嘉宾的声音，然后进行特征提取，声纹建模，把得到的声纹模型和声纹识别库中的声纹模型逐一匹配，找到匹配度最高的那个，输出最终的识别结果。这就是声纹识别的过程。 第二阶段：声纹识别阶段 验证声音 → 特征提取 → 声纹建模 → 模型匹配 → 判别 → 识别结果 声纹识别库：用户A的声纹模型、用户B的声纹模型、用户C的声纹模型	观看视频并完成导学案。	结合综艺节目，对声纹识别的原理做简单介绍，让学生能够更直观地感受声纹识别的过程和原理。

(续表)

第一课时　跟"机智过人"学声纹识别				
教学阶段	教师活动	学生活动	设计意图
| 解决问题新知探究 | 2. 声纹识别项目实践<br>（1）项目主题：模拟"优听"手机防骚扰程序。<br>（2）功能分析：<br>引导学生完成导学案，并对主题项目进行功能分析。<br>首先，录入骚扰者的声音。然后，通过麦克风采集说话人的声音，对声纹进行识别，若识别结果为骚扰者的声音，则显示已拦截，否则提示已接听。<br>（3）引导学生绘制简易程序流程图。<br><br>```
开始
  ↓
将3段文字"监测中""已接听""存在诈
骗风险，已拦截"分别转换成图片，保存到
3个变量中，打开电脑麦克风
  ↓
在窗口显示图片"监测中"，等待语音输入
  ↓
对语音进行声纹识别
  ↓
检测结果d1阈值≥0.35？ ──否──→ 在窗口显示图片"已接听"2秒
  │是
  ↓
在窗口显示图片"存在诈骗风险，已拦截"2秒
  ↓
停止程序按钮是否被按下？ ──否──↑
  │是
  ↓
结束
```<br><br>（4）引导学生参考微课进行程序设计。<br>提供微课"模拟手机防骚扰软件程序设计和测试"。<br>参考程序如下： | 完成导学案上的功能分析和程序流程图，根据微课提示完成项目实践。 | 结合声纹识别的原理进行项目实践，引导学生将复杂的问题分解，从功能分析到程序流程图分析，再到编程实践，培养学生的计算思维和数字化学习与创新能力。 |
```

(续表)

教学阶段	教师活动	学生活动	设计意图
第一课时 跟"机智过人"学声纹识别			
解决问题新知探究			学生利用微课自定步调进行学习，可以有效地培养学生的自主学习能力。
课堂小结	今天我们用声纹识别解决了骚扰电话问题，请同学们下课后想一想：与指纹识别、人脸识别这些生物特征识别相比，声纹识别有哪些优势呢？	思考并回答问题。	对课堂内容进行总结，拓展思考。

五、导学案

声纹识别：跟"机智过人"学声纹识别

（一）填空

1. 请你观看《机智过人之优听声纹识别》视频片段一，回答以下问题：
（1）什么是声纹？_____
（2）声纹具有_____、_____的特点，因此它可以作为身份识别标志。
（3）（判断题）不同人说话的声纹图谱不同。（   ）

2. 请你观看《机智过人之优听声纹识别》视频片段二，回答以下问题：
声纹识别的过程概括成两个阶段：
第一阶段是声音_____阶段，建立声纹识别库，即让系统认识人的声音。
第二阶段是声纹_____阶段，系统采集新的声音，在声纹识别库中进行比对，判断是谁的声音。

（二）声纹识别项目实践

（1）项目主题：模拟"优听"手机防骚扰程序。

（2）功能分析：请你简单梳理相关功能，把选项 A、B、C、D、E、F 分别填在对应的矩形框内。

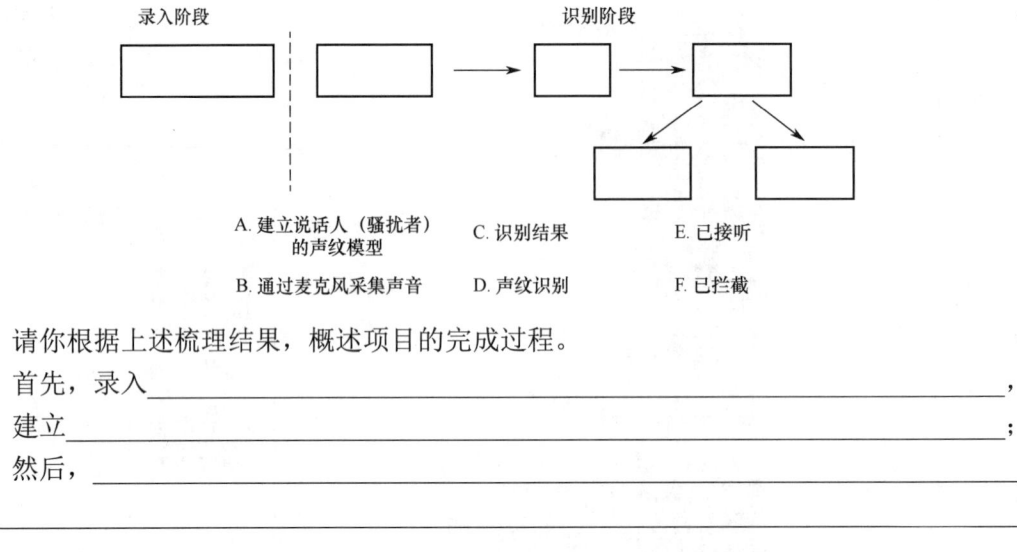

A. 建立说话人（骚扰者）的声纹模型
B. 通过麦克风采集声音
C. 识别结果
D. 声纹识别
E. 已接听
F. 已拦截

请你根据上述梳理结果，概述项目的完成过程。

首先，录入＿＿＿＿＿＿＿＿＿＿＿＿＿＿＿＿＿＿＿＿＿＿＿＿＿＿＿＿＿＿＿＿＿，

建立＿＿＿＿＿＿＿＿＿＿＿＿＿＿＿＿＿＿＿＿＿＿＿＿＿＿＿＿＿＿＿＿＿＿＿；

然后，＿＿＿＿＿＿＿＿＿＿＿＿＿＿＿＿＿＿＿＿＿＿＿＿＿＿＿＿＿＿＿＿＿＿＿

＿＿＿＿＿＿＿＿＿＿＿＿＿＿＿＿＿＿＿＿＿＿＿＿＿＿＿＿＿＿＿＿＿＿＿＿＿。

（可以按照以上模板进行总结。）

（3）程序流程图：

梳理程序，将选项 A、B、C 分别填入流程图中对应的框内。

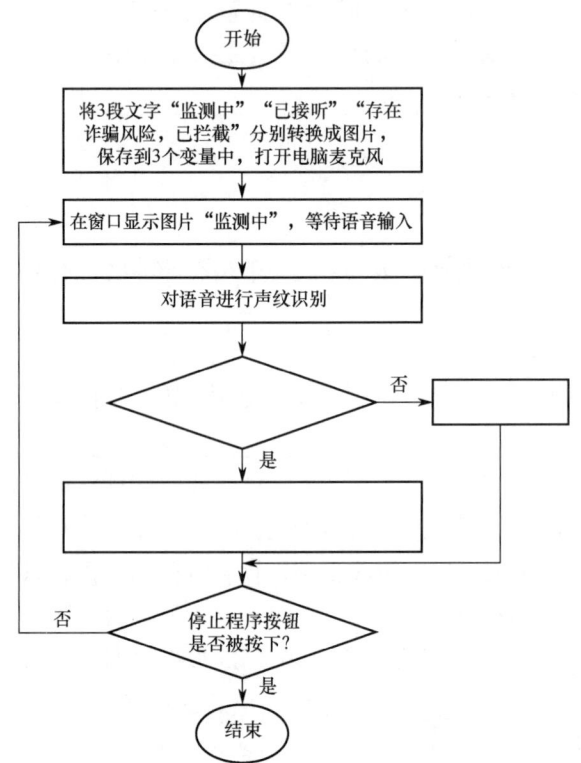

A．检测结果 dl 阈值≥0.35？（注：dl 为声纹识别库中用户名字的首字母，学生可以自定义为自己名字的首字母。）

B．在窗口显示图片"已接听"2 秒

C．在窗口显示图片"存在诈骗风险，已拦截"2 秒

六、学习效果评估表

1. 学习态度评价

评价标准	出色完成	完成较好	完成一般	完成不好
分值	5	4	3	2

	评价内容	自评	互评
学习常规	（1）积极思考，完成课堂实践活动。		
	（2）认真倾听老师讲课，积极回答问题。		
	（3）认真倾听同学发言，主动找出与自己观点的异同之处，发表自己的观点。		
合作交流	（4）主动与同学交流，采纳他人好的建议，发表自己的观点。		
总分			

2. 知识性评价

学习目标	新手	学徒	熟练	出色	完美	自评	师评
能够说出声纹识别的原理和基本过程。	不能说出声纹识别的原理和基本过程。	需要较多帮助才能说出声纹识别的原理和基本过程。	在较少帮助或提示下，能说出声纹识别的原理和基本过程。	能够说出声纹识别的原理和基本过程。	能够主动思考如何将声纹识别技术应用于其他领域。		
能够分析手机防骚扰软件的基本功能，理解其工作原理。	不能分析手机防骚扰软件的基本功能。	需要较多帮助才能分析手机防骚扰软件的基本功能，不能理解其工作原理。	在较少帮助或提示下，可以分析手机防骚扰软件的基本功能，理解其工作原理。	能够分析手机防骚扰软件的基本功能，理解其工作原理。	能够分析其他声纹识别技术产品的基本原理。		

（续表）

学习目标	新手	学徒	熟练	出色	完美	自评	师评
能够绘制简易程序流程图，运用声纹识别技术设计并模拟手机防骚扰程序。	不能根据提示绘制简易程序流程图。	需要较多帮助才能绘制简易程序流程图。	在较少帮助或提示下，可以绘制简易程序流程图，运用声纹识别技术设计并模拟手机防骚扰程序。	能够绘制简易程序流程图，运用声纹识别技术设计并模拟手机防骚扰程序。	能够使用掌握的方法解决同类问题。		

七、总结

声纹识别和人脸识别属于生物特征识别技术，用于确认用户身份，声纹识别的原理和人脸识别的原理有相似之处，本项目为人脸识别内容的学习打下了基础。

在声纹识别项目实践部分，通过"模拟'优听'手机防骚扰程序"这一主题项目，让学生亲自动手设计和实现一个简单的声纹识别应用，帮助学生将理论知识应用到实际场景中，加深其对声纹识别技术的理解。通过功能分析和绘制简易程序流程图，帮助学生梳理项目的实现思路，将问题分解，培养学生的计算思维。利用微课辅助学生设计程序，从理论到实践，全方位提升学生的学习效果。

项目五　声音分类：北京雨燕——基于循环神经网络的声音分类

一、项目概述

　　北京雨燕是老北京人口中的"楼燕儿"，是2008年北京奥运会吉祥物之一福娃"妮妮"的原型。作为世界上唯一以"北京"命名的鸟类，北京雨燕已经成为首都北京一道自然与人文兼具的独特景观，更是一个特殊的生态符号。每年的三四月份，北京雨燕会飞回北京筑巢，而到了七八月份，则会踏上前往非洲南部越冬的路线，整个往返旅程长达三万多千米。北京雨燕特殊的生理特点使其非常喜欢生活在以北京古建筑梁、檩、椽交错形成的一个挨一个的人造洞穴中，这些洞穴不仅比野外的裸岩更加安全、舒适，而且有利于北京雨燕的集群繁殖。但是，随着城市化的发展，北京的城楼、庙宇、古塔等建筑越来越少，原有巢址的消失，意味着长途跋涉、急需安顿的北京雨燕面临无处可去的境地。学生在初二上学期生物课上探究了以北京雨燕为代表的鸟类适于飞行的外部形态和内部结构，及其适于飞行的生理特点，汇报、分享了北京雨燕的现状，探讨了北京雨燕的保护措施。在这样的学习基础上，本项目从建立北京雨燕的人工巢穴这一保护措施出发，在信息课上寻找北京雨燕经常出没的地方，为劳动课有针对性地建立人工巢穴做准备，培养学生从AI视角尝试解决问题的能力。

　　本项目主题为基于循环神经网络的声音分类，用于解决跨学科主题学习中的一个问题：如何找到北京雨燕？项目从"怎样找到北京雨燕"的问题出发，对比使用传统计算机寻找北京雨燕的方法，探讨通过人工智能方法解决同类问题的特点，引导学生经历从准备数据到建立声音分类模型、训练模型、测试模型的过程，让学生对机器学习有一个感性认识。介绍人工智能深度学习算法的基本概念和术语，介绍循环神经网络的特点，并利用训练的模型，通过编程解决北京雨燕的监测问题。

二、基本概念梳理

　　本项目涉及机器学习、传统机器学习算法、人工神经网络算法及其他重要的相关概念，如图5-1所示。

　　机器学习（Machine Learning）是一种实现人工智能的技术，它利用数据和算法训练模型，让计算机系统能够自主学习数据中的规律和模式，进而实现对新数据的预测和决策。机器学习包括传统机器学习算法和人工神经网络算法。

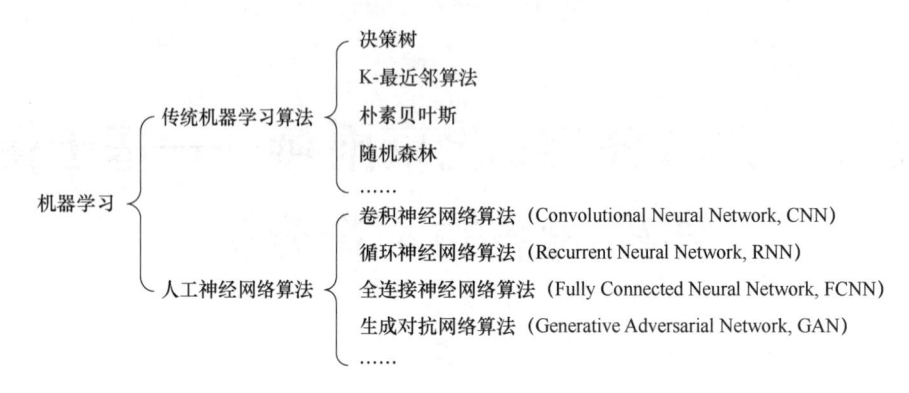

```
                          ┌ 决策树
            ┌ 传统机器学习算法 ┤ K-最近邻算法
            │             │ 朴素贝叶斯
            │             │ 随机森林
机器学习 ────┤             └ ……
            │             ┌ 卷积神经网络算法（Convolutional Neural Network, CNN）
            │             │ 循环神经网络算法（Recurrent Neural Network, RNN）
            └ 人工神经网络算法 ┤ 全连接神经网络算法（Fully Connected Neural Network, FCNN）
                          │ 生成对抗网络算法（Generative Adversarial Network, GAN）
                          └ ……
```

图 5-1 机器学习涉及的相关算法

传统机器学习算法是在深度学习兴起之前主要使用的一类机器学习方法。它们基于统计学和传统的机器学习原理，包括决策树、朴素贝叶斯、随机森林等。这些算法通常依赖于手动选择的特征工程和浅层的模型来解决各种问题，例如"项目九 AI 预测 2 型糖尿病患病风险及干预措施研究"中使用了决策树算法，生成的决策树可以直观地呈现出特征的重要性和判定条件，便于我们理解模型是如何基于数据进行决策的。通过观察决策树的结构和路径，可以解释模型对于不同特征和属性值的判定过程，从而获得对预测结果的理解和解释能力，如图 5-2 所示。

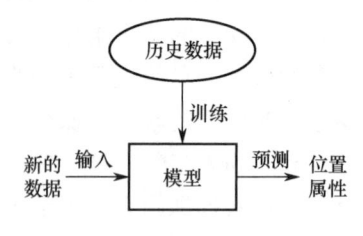

```
                    ┌──────┐
                    │ 历史数据 │
                    └───┬──┘
                        │训练
                        ▼
    新的      输入   ┌──────┐   预测    位置
    数据   ────────▶│ 模型  │────────▶  属性
                    └──────┘
```

图 5-2 机器学习的一般过程

人工神经网络是利用大量的人工神经元组成的网络，通过层级结构进行信息处理和学习。常见的人工神经网络算法包括卷积神经网络算法、循环神经网络算法、生成对抗网络算法，以及目前大语言模型使用的 Transformer 架构的模型等。人工神经网络算法是一种受人类神经系统启发而设计的数学模型，用于解决复杂的问题及进行机器学习。解决复杂问题的人工神经网络算法被称为黑盒子，是因为我们无法明确解释其内部的运行规则：首先，其具有复杂的内部运行机制，人工神经网络算法由多个层和许多参数组成，这使得其内部的计算过程非常复杂，人们很难理解网络如何根据输入数据计算出输出结果的详细步骤；其次，其使用高度抽象的特征表示，人工神经网络算法学习到的特征表示往往是高度抽象的，而且很难以直观的方式进行解释，这使得我们难以理解网络是如何基于输入数据做出预测或决策的；再次，涉及大规模的训练和参数调整，人工神经网络算法通常需要大量的训练数据和复杂的参数调整过程来优化模型，这使得网络内部的权重和偏置项变得难以解释，因为它们是通过优化算法自动调整得到的，而不是人为设计的；最后，缺乏可解释的评估指标，人工神经网络算法的性能通常使用数学指标来评估，如正确率或损失函数。这些意味着我们很难直接理解它的内部工作方式和决策依据，因此其被称为黑盒子。

TensorFlow 公司开发的 TensorFlow Playground 平台可以帮助我们更好地理解人工神经网络的工作原理。我们可以通过该平台进行进一步的了解。另外，全连接神经网络是人工神经网络中的一种基础结构，我们也可以通过如图 5-3 所示的全连接神经网络概念图来了解其基本结构。

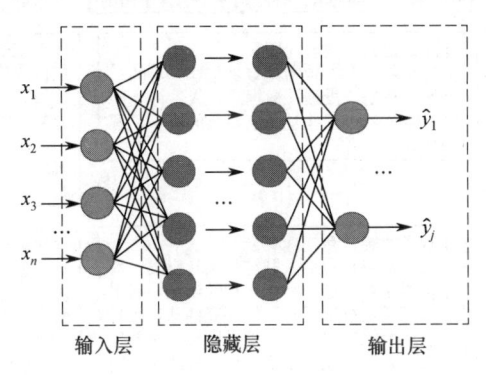

图 5-3　全连接神经网络概念图

循环神经网络算法作为人工神经网络算法重要算法之一，具有其独特的优势。循环神经网络算法是一种适用于序列数据处理的神经网络算法，它具有循环连接结构，可以捕捉序列数据中的时序关系，能通过隐藏状态来记忆和整合之前的信息，这使得循环神经网络算法在处理语言、音频、时间序列等连续数据时非常有效。因此，本项目利用循环神经网络算法解决声音分类问题。

目前，大多数人工神经网络算法的学习机制基本一致，是通过不断调整网络中的权重和偏置项，利用输入数据和期望输出数据之间的差异，以最小化损失函数为目标，来学习输入与输出之间的复杂映射关系。因此本项目的第二课时介绍人工神经网络是怎样学习的，并没有单独介绍循环神经网络是怎样学习的。

三、学习目标

1．了解通过人工智能辅助保护北京雨燕的方法，提升发现问题、抽象问题的能力，以及利用算法和程序解决问题的意识。

2．理解人工神经网络算法的基本概念和原理，了解机器学习的一般过程。

3．通过案例分析，理解解决同类问题时，人工智能方法与计算机传统方法的异同。

4．能够理解机器学习的一般过程。能够通过模型训练软件完成声音分类模型的训练和测试；通过编程平台调用麦克风，采集声音数据；通过调用训练好的声音分类模型分辨北京雨燕的声音，形成监测记录，解决北京雨燕的监测问题。

5．能够关注人工智能三要素，即数据、算法、算力，从人工智能技术视角关注生活中的问题，并尝试解决问题。

四、教学活动流程图

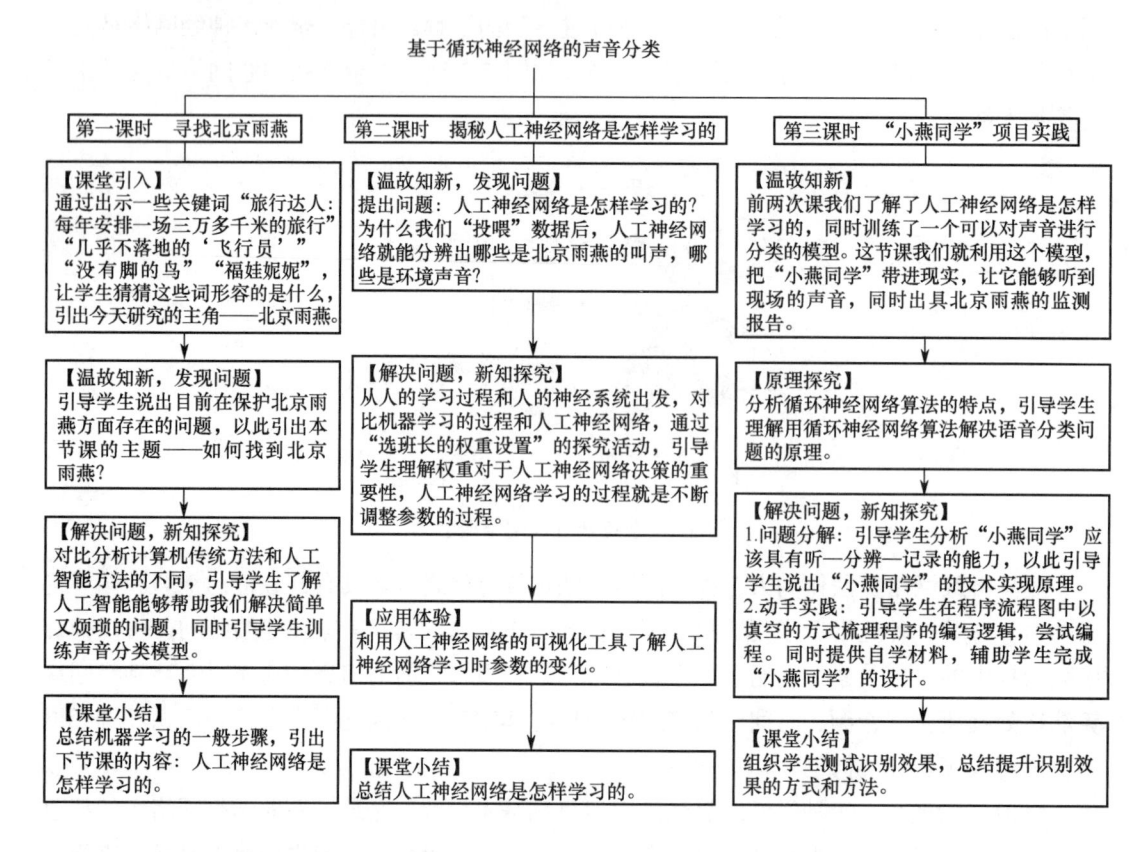

基于循环神经网络的声音分类

第一课时　寻找北京雨燕

【课堂引入】
通过出示一些关键词"旅行达人：每年安排一场三万多千米的旅行""几乎不落地的'飞行员'""没有脚的鸟""福娃妮妮"，让学生猜猜这些词形容的是什么，引出今天研究的主角——北京雨燕。

【温故知新，发现问题】
引导学生说出目前在保护北京雨燕方面存在的问题，以此引出本节课的主题——如何找到北京雨燕？

【解决问题，新知探究】
对比分析计算机传统方法和人工智能方法的不同，引导学生了解人工智能能够帮助我们解决简单又烦琐的问题，同时引导学生训练声音分类模型。

【课堂小结】
总结机器学习的一般步骤，引出下节课的内容：人工神经网络是怎样学习的。

第二课时　揭秘人工神经网络是怎样学习的

【温故知新，发现问题】
提出问题：人工神经网络是怎样学习的？为什么我们"投喂"数据后，人工神经网络就能分辨出哪些是北京雨燕的叫声，哪些是环境声音？

【解决问题，新知探究】
从人的学习过程和人的神经系统出发，对比机器学习的过程和人工神经网络，通过"选班长的权重设置"的探究活动，引导学生理解权重对于人工神经网络决策的重要性，人工神经网络学习的过程就是不断调整参数的过程。

【应用体验】
利用人工神经网络的可视化工具了解人工神经网络学习时参数的变化。

【课堂小结】
总结人工神经网络是怎样学习的。

第三课时　"小燕同学"项目实践

【温故知新】
前两次课我们了解了人工神经网络是怎样学习的，同时训练了一个可以对声音进行分类的模型。这节课我们就利用这个模型，把"小燕同学"带进现实，让它能够听到现场的声音，同时出具北京雨燕的监测报告。

【原理探究】
分析循环神经网络算法的特点，引导学生理解用循环神经网络算法解决语音分类问题的原理。

【解决问题，新知探究】
1.问题分解：引导学生分析"小燕同学"应该具有听—分辨—记录的能力，以此引导学生说出"小燕同学"的技术实现原理。
2.动手实践：引导学生在程序流程图中以填空的方式梳理程序的编写逻辑，尝试编程。同时提供自学材料，辅助学生完成"小燕同学"的设计。

【课堂小结】
组织学生测试识别效果，总结提升识别效果的方式和方法。

五、学习活动详案

第一课时　寻找北京雨燕				
教学阶段	教师活动		学生活动	设计意图
课堂引入	通过出示一些关键词"旅行达人：每年安排一场三万多千米的旅行""几乎不落地的'飞行员'""没有脚的鸟""福娃妮妮"等，让学生猜猜这些词形容的是什么。 猜猜它是谁？ 旅行达人：每年安排一场三万多千米的旅行 几乎不落地的"飞行员" "没有脚的鸟" 福娃妮妮		根据教师提供的关键词进行猜测。	通过猜谜的形式引出本节课的研究主角"北京雨燕"，提升学生的学习兴趣。

(续表)

第一课时　寻找北京雨燕				
教学阶段	教师活动	学生活动	设计意图
温故知新发现问题	提问：北京雨燕被称为"旅行达人：每年安排一场三万多千米的旅行"，还被称为"几乎不落地的'飞行员'"。北京雨燕为什么喜欢在北京生活？请同学们从生理结构和北京地方特色进行分析。 随着城市化发展，北京的城楼、庙宇、古塔等建筑越来越少，原有巢址的消失，意味着长途跋涉、急需安顿的北京雨燕面临无处可去的境地。 　　据有关部门统计，20世纪70年代，北京雨燕数量还是五万只，到2014年只剩下三千多只，幸运的是，后来人们意识到了这个问题，采取了保护北京雨燕的措施，但是到2021年也只有九千多只。	回忆生物课上学过的相关知识。 从生理结构特点和北京地方特色分析北京雨燕为什么喜欢在北京生活。	引导学生关注生物环境，从跨学科的角度思考问题，从真实问题出发，将人工智能技术渗透到社会各个领域。

(续表)

教学阶段	第一课时 寻找北京雨燕		
	教师活动	学生活动	设计意图
温故知新发现问题	北京的城楼、庙宇、古塔等建筑越来越少,原有巢址的消失,意味着长途跋涉、急需安顿的北京雨燕面临无处可去的境地。 北京雨燕数量变化（单位：只） 20世纪70年代：50000 2014年：约2000 2021年：约8000	思考北京雨燕数量减少的原因。	
解决问题新知探究	提问：咱们学校有一位同学在生物课上了解到北京雨燕的问题后,通过查资料发现,在北京奥运会前夕,奥林匹克森林公园北园为北京雨燕设计了一座雨燕塔,而建成几年后,北京雨燕好像并没有入住,反而成了麻雀的乐园,在一定程度上造成了浪费。所以他想,如果能先找到北京雨燕经常出没的地方,再有针对性地建立人工巢穴,这样效果可能会更好,同时他也想知道：雨燕塔里每年是不是有少量北京雨燕在居住？这节课我们帮他解决如何找到北京雨燕的问题。 【如何找到北京雨燕】 引导学生分析找到北京雨燕的方法,对比分析计算机传统方法和人工智能方法的不同,引出本节课的主题：利用人工智能的声音分类技术找到北京雨燕。 【利用人工智能的声音分类技术找到北京雨燕的基本原理】 实践活动一：请你分别听听下面三种声音,判断是不是北京雨燕的叫声,把你的结果写在导学案上。 引导学生观看在北京北海公园拍摄的北京雨燕的视频,分析北京雨燕的叫声,同时完成声音分类的任务。 实践活动一：请你分别听听下面三种声音,判断是不是北京雨燕的叫声,把你的结果写在导学案上。	说出利用计算机传统方法找北京雨燕存在的问题。 通过观看视频分析北京雨燕叫声的特点,将"测试集"文件夹中三种声音进行分类,写在导学案上。	从如何找到北京雨燕的问题出发,引导学生对问题进行抽象和分解,深入思考,寻求解决方案;通过问题剖析和活动探究,引出利用机器学习解决声音分类问题的方法。

项目五　声音分类：北京雨燕——基于循环神经网络的声音分类

(续表)

教学阶段	教师活动	学生活动	设计意图
解决问题新知探究	1．问题分析 　　大部分同学听了北京雨燕的叫声之后，就能准确地将北京雨燕的叫声和环境声音分开，人工智能也可以这么聪明吗？我们这节课就来设计"小燕同学"，让它代替我们做这些简单又烦琐的工作。 　　提问：请同学们想一想，"小燕同学"应该拥有哪些能力？ 　　小结：首先，"小燕同学"应拥有的核心能力是分辨力，它能区分北京雨燕的叫声和环境声音；其次，它有听的能力，被置于室外时，它能实时检测现场的声音；最后，它还有记录的能力，能够将识别结果进行记录，以报告形式呈现。这节课我们来看看"小燕同学"是怎么具有分辨能力的。和我们一样，它也需要分析北京雨燕的叫声特点，然后才能有分辨能力。 　　2．准备数据 　　这些是我在网上找到的北京雨燕叫声的一些相关数据和周围环境声音数据。但是因为咱们上课时间有限，所以我准备的数据量并不大，训练时间能控制在可等待范围内。	根据教师提供的微课完成实践任务。	通过对"小燕同学"应具有的能力进行分析，提升学生的思维能力。

· 39 ·

(续表)

第一课时 寻找北京雨燕				
教学阶段	教师活动		学生活动	设计意图
解决问题新知探究	3. 创建模型 我们现在来教"小燕同学"学习。把刚才准备的数据输入循环神经网络,创建一个声音分类模型,这主要解决的是对北京雨燕叫声和其他声音进行分类的问题。当我随机输入一个声音时,它会反馈给我这声音大概率是什么声音。 引导学生通过微课进行自主学习,利用 AI Box 软件加载数据、创建模型、训练模型。(学生训练模型大约需要 7 分钟。) 微课中包含的内容:创建模型、加载数据及对模型进行训练的方法。 【讨论活动】让学生阅读材料后,在小组内进行讨论。 请阅读材料"智能时代的三要素——数据、算法和算力",猜一猜,我们训练的模型的判断结果会非常准确吗?为什么? 4. 测试模型、验证猜想 引导学生通过微课学习模型测试的方法,验证前面的猜想。		阅读相关材料。	训练模型需要约 7 分钟时间,在这期间利用阅读材料引导学生自主学习算法、算力、数据对人工智能的影响,引发学生的深度思考。

项目五　声音分类：北京雨燕——基于循环神经网络的声音分类

（续表）

教学阶段	教师活动	学生活动	设计意图
\n\n**第一课时　寻找北京雨燕**			
解决问题新知探究	微课内容：模型训练软件中部分参数的讲解，测试模型的方法。 三、测试模型 【实践活动三】：测试模型，填写测试表，验证猜想 【辅助材料】 微课：二、模型的保存和测试 模型测试表	填写模型测试结果，进行统计与分析。	
课堂小结	这节课为了让"小燕同学"对北京雨燕叫声和环境声音进行分类，我们经历了准备数据、创建模型、训练模型、测试模型的过程，其实这就是机器学习的一般过程。在创建模型的过程中，我们用到了循环神经网络，它是怎样学习的？下节课就揭秘人工神经网络是怎样学习的。 机器学习的一般步骤： 准备数据 → 创建模型 → 训练模型 → 测试模型 北京雨燕叫声 其他声音　　　　　　　　　　这是什么声音？调用训练好的模型进行检测	回忆，总结，回答问题。	通过总结课程重点，引出下节课的学习内容。
\n\n**第二课时　揭秘人工神经网络是怎样学习的**			
教学阶段	教师活动	学生活动	设计意图
温故知新	提问："小燕同学"是怎样具有分辨能力的？"小燕同学"是如何学会声音分类的？ 　　小结：我们把数据输入循环神经网络，创建一个声音分类模型，主要解决对北京雨燕叫声和其他声音进行分类的问题。当我们随机输入一个声音时，"小燕同学"会告诉我们这大概率是什么声音。"小燕同学"好像具有了人类的智能，这就涉及目前人工智能算法中应用比较广泛的人工神经网络。都说人工神经网络是一个黑盒子，这节课我们给黑盒子挖个洞，看看里面有什么。	思考上节课中我们是怎样教"小燕同学"学习的。	提升学生的学习兴趣。

(续表)

教学阶段	第二课时 揭秘人工神经网络是怎样学习的			
	教师活动	学生活动	设计意图	

教学阶段	教师活动	学生活动	设计意图
温故知新	机器是怎么区分北京雨燕叫声和环境声音的？ 大量北京雨燕叫声数据 → 黑盒子 → 北京雨燕叫声98% 其他声音2% 大量环境声音数据		
发现问题	播放鸟叫声，提问：这是什么动物的声音？ 　　小结：我们可能不知道是什么鸟在叫，但是大体知道这是鸟叫声，不会认为这是猫叫声。我们之所以能做出这个判断，是因为在我们小时候，当听到"喵喵"的叫声时，大人会告诉我们，这是猫叫声；当听到"叽叽喳喳"的叫声时，大人会告诉我们这是鸟叫声。现在我们虽然不能清楚辨别这到底是什么鸟，但是能知道这是鸟，不是猫，这就是学习的力量。虽然我们不知道基础原理，却能分清楚猫和鸟。人工神经网络算法在一定程度上模拟了人的学习思路。我们看一下人工神经网络的基本结构是什么，以及其到底是怎么学习的。	思考并回答问题。	引导学生思考人工神经网络的工作原理。
解决问题新知探究	外部刺激 树突（输入）　突触（输出） 轴突 细胞核 人的一个神经元细胞 神经元之间互相连接（连接的强度和状态会随着经历和刺激而变化） 　　展示人的一个神经元细胞，提问：咱们在初二学过人的神经系统，你还记得一个神经元细胞的基本结构是什么吗？ 　　小结：我们的大脑里有许许多多的神经元，神经元是大脑最基本的结构，和普通细胞不一样，树突是用来接收信号的，突触是用来发送信号的，神经元细胞相互连接，就组成了神经网络。我们每天都在经历一些事情，听到很多声音，看到、摸到实物，闻到气味，这些都会影响我们	思考并回答问题。	人工神经网络的相关内容比较抽象，通过与人的神经网络对比，理解人工神经网络的基本原理。

（续表）

教学阶段	第二课时　揭秘人工神经网络是怎样学习的		
	教师活动	学生活动	设计意图
解决问题新知探究	的大脑，促使神经元在大脑中建立连接，甚至改变神经元之间连接的稳固性和状态，从而让我们习得新的知识，遗忘旧的知识。 人工神经网络的一个神经元　　人工神经网络概念图 　　人工神经网络的神经元类似于人的神经元细胞，它接受一些输入，连线上的参数相当于神经元连接的强度，通过激活函数的运算，把输入值变成新的值并传输出去。就像咱们上一节信息科技课，有些同学听起来觉得很轻松，对程序设计也非常熟悉，而有些同学却觉得很难。大部分原因是不同的人在处理计算机相关信息时大脑的开发程度不同，觉得轻松的同学在计算机方面的神经元连接强度比较强，其大脑对输入信息的处理更顺畅，表现为在课堂上学得比较轻松。 　　许许多多的神经元组成了人工神经网络，我们看看它的基本结构，以及它是怎样学习的。 　　【人工神经网络是怎样学习的】 　　北京雨燕的叫声经过一系列的处理，以数字的形式进入人工神经网络的输入层，类似于人耳听到声音；隐藏层类似于我们的大脑，里面有许许多多的神经元；输出层输出结果。	思考，类比。 思考生物课上学到的人的神经系统和神经元细胞的相关知识，在老师的引导下理解人工神经网络的基本原理。	通过类比，让学生更容易理解人工神经网络。

(续表)

教学阶段	教师活动	学生活动	设计意图
	第二课时　揭秘人工神经网络是怎样学习的		
应用体验	根据今天的主题，要识别听到的声音是北京雨燕的叫声还是环境声音，需要把大量的北京雨燕叫声输入人工神经网络，以建立一个相对准确的声音分类模型，当系统再次接收到北京雨燕的叫声时，它可能会告诉我们这有百分之九十的概率是北京雨燕的叫声。 　　人工神经网络是怎样学习的呢？咱们观察一下，神经元之间通过一些线连接在一起，每条线上都有数字，这些数字叫作权重，可以理解为这个神经元对上一个神经元输出的信任程度。假设某个神经元的输入值为 x，那么我们如何计算该神经元下一层的输出呢？实际上，该神经元的输出是由函数 $f(x)=wx+b$ 确定的，其中 w 代表权重，b 代表偏置项。权重和偏置项这两项参数决定了神经元对输入信号的处理方式和响应强度。整个学习的过程，实质上就是通过不断训练和调整 w 和 b 的数值，以优化模型的表现。 　　接下来，我们将通过一个具体的例子来进一步解释权重这一概念。 活动：设计选班长的权重（共40位同学参与投票） 不重要 0 ——— 0.5 ——— 1 重要 	条件	权重	候选人小李	候选人小张
成绩好		年级前50，计票数10	年级前100，计票数5
乐于帮助同学		同学投票15	同学投票25
长得好看		同学投票26	同学投票14
纪律好，是全班表率		同学投票17	同学投票23 | 选班长 　　小组活动【设计权重】：小李和小张都是班长候选人，通过班级投票方式从四个方面进行评价，如果你认为作为班长"成绩好"最重要，你就把"成绩好"的权重设置得高一些，请你和小组同学设计选班长的权重。（所有权重相加等于1） 　　小组活动【核算得票数】 　　通过班级投票，我们发现小张和小李的总票数非常接近，如果把票数乘以对应的权重，谁能够当选呢？ 　　引导学生通过导学案上的算法，核算谁会当选。 　　活动小结：权重可以影响决策的结果，但是决策结果相同时，可能对应的权重不同。 　　【反向传播】 　　人工神经网络中的权重和偏置项的值依靠什么进行调整呢？靠其自身的学习，有一种常用的算法叫反向传播，简单来说，就是改错题，哪里错了改哪里。	根据教师的引导，参考导学案计算谁可能当选班长。	人工神经网络学习的过程就是通过反向传播算法不断调整参数值的过程，直到神经网络的预测结果达到比较准确的结果。因此权重和偏置项很重要，通过"设计选班长的权重"活动，让学生理解权重对于决策的重要性。

(续表)

教学阶段	教师活动	学生活动	设计意图
应用体验	**第二课时　揭秘人工神经网络是怎样学习的** 比如，我们输入北京雨燕的叫声后，人工神经网络预测：有20%的概率是北京雨燕的叫声，如果我们希望它的预测结果是：100%是北京雨燕的叫声，这时需要通过反向传播算法调整权重和偏置项，通过反复迭代，直到它能够输出比较准确的答案。人工神经网络的学习过程就是不断调整这些参数的过程。不同的人工神经网络训练时间差别很大，少则几分钟，多则几个月，这都是正常情况。实际的人工神经网络要比这个复杂得多。		
课堂小结	为学生分享一组关于大语言模型的参数数据。 GPT-3 有 1750 亿个参数。 Meta 发布了一个新语言模型 LLaMA，有 650 亿个参数。 Google 在 2022 年 4 月推出一个语言模型 PaLM，有 5400 亿个参数。 Google 还出过有 1.6 万亿个参数的语言模型。 据 OpenAI 的 CEO 山姆·阿尔特曼（Sam Altman）说，GPT-4 的参数并不会比 GPT-3 多很多。 但大家猜测，GPT-5 的参数将会是 GPT-3 的 100 倍。 仅仅训练一次，ChatGPT 就要消耗 90 多万度电，相当于 1200 个中国人一年的生活用电量。训练可不是一次就行的，而需要进行很多次。现在，仅仅维持它的日常运转，每天的电费大概就要 5 万美元。 GPT-4 在人类主流考试中所处的水平： 在美国律师执照统考（BAR）中的得分超过了 **90%** 的考生； 在美国生物奥林匹克竞赛中的得分超过了 **99%** 的考生；	思考并感受大语言模型的参数量。	通过对大语言模型参数的探讨，让学生了解现代人工智能技术的规模和复杂性。培养学生的科学素养，提高学生对科技发展的认识。

(续表)

	第二课时　揭秘人工神经网络是怎样学习的		
教学阶段	教师活动	学生活动	设计意图
课堂小结	在GRE语文中的得分接近**满分**。 　　目前的人工智能正在向通用人工智能发展，通过今天的学习，我们发现，人工智能之所以强大，正是因为它具有强大的学习能力，人工神经网络的学习过程就是不断调整参数的过程，也是计算的过程。	思考并回答问题。	通过目前广为关注的大语言模型的参数数据，总结人工神经网络是怎样学习的。

	第三课时　"小燕同学"项目实践		
教学阶段	教师活动	学生活动	设计意图
温故知新	在前面的课程中，我们学习了人工神经网络是怎样学习的，人工神经网络在一定程度上模拟了人类学习的过程，即通过不断反思和修改，达到一个最佳状态。第一节课我们训练了一个能够对北京雨燕叫声和其他声音进行分类的模型，这节课咱们就调用这个模型，把"小燕同学"带进现实，让它能够听到现场的声音，同时生成北京雨燕叫声出现时间的报告。	回忆，思考。	与上节课内容衔接，明确本节课的实践目标。
原理探究	我们在创建声音分类模型时构建的循环神经网络是人工神经网络的一种，它是一种高度重视数据之间前后关系的神经网络。 例如在识别图像时，输入的每个图像都是孤立的，系统认出某张图上是苹果，并不会对认出另一张图上是葡萄造成影响。	思考并回答问题。	通过举生活中的实例，简单介绍循环神经网络。

(续表)

教学阶段	教师活动	学生活动	设计意图
	第三课时 "小燕同学"项目实践		
原理探究	但是对于语言来说，顺序是十分重要的，"我吃苹果"和"苹果吃我"，词语顺序的改变导致了截然不同的意思。顺序提供了一定的信息，例如，"吃"后面很可能是代表食物的名词，为了捕捉这种关联信息，人们研究出了循环神经网络，这是一个高度重视序列信息的网络。 嘶嘶…　　　*t*时刻的网络状态 提问：请你观察循环神经网络的概念图，它与上节课我们了解的全连接神经网络的概念图对比，最大的区别是什么？ 　　循环神经网络的基本结构与普通神经网络相似，只不过它多了一个小盒子，用来记录 *t* 时刻的网络状态，在下一时刻输入数据时，网络需要考虑小盒子中存储的信息。随着数据的一次次输入，小盒子中存储的信息持续更新，也就是说，前一刻输入的信息对后面的数据会产生影响。	思考并回答问题。	循环神经网络的内部原理比较抽象且涉及很多数学知识，因此只根据其特点介绍基本原理即可。
解决问题新知探究	1. 回忆"小燕同学"的基础功能。 　　提问：我们来回忆一下，"小燕同学"应该具备哪些能力？ 　　小结：首先，它有听力，即把它放在室外，能实时检测现场声音；其次，它拥有辨别力，能够区分北京雨燕的叫声和环境声音；最后，它有记录的能力，能够把识别结果进行记录，以报告的形式呈现给我们。 【活动一】 2. 把程序流程图补充完整。 　　请同学们根据"小燕同学"应具备的能力把程序流程图补充完整。	回答问题。	活动一的目的是梳理程序流程图，为程序设计做准备。

(续表)

教学阶段	教师活动	学生活动	设计意图
	第三课时 "小燕同学"项目实践		
解决问题新知探究	【活动二】 3．参考"程序提示"进行程序设计，实现"小燕同学"的功能，15分钟后观看微课。	学习微课。	在活动二中，学生参考流程图，完成"小燕同学"的程序设计。借助微课，能够更有针对性地帮助学生开展个性化学习。
课堂小结	在这个项目中，我们使用人工智能完成了北京雨燕的监测任务。 思考题：在刚刚的测试中，大家发现"小燕同学"的识别有些不准确，是因为我们只训练了二分类的模型，在真实的环境中，不只存在这两类声音，而且声音的数据量较大。如果想继续完善"小燕同学"，还可以采取哪些改进措施呢？感兴趣的同学可以在课后与老师共同完成改进工作。下节课将为北京雨燕设计人工巢穴，并将"小燕同学"和人工巢穴拿到户外进行测试和修改。	思考并回答问题。	对课题进行延展，引发学生继续探索和思考。

六、导学案

寻找北京雨燕

（一）判别声音

请你打开"测试集"声音文件，逐一判断是否是北京雨燕的叫声。请把序号写在相应的位置。

北京雨燕的叫声	
环境声音或其他声音	

（二）阅读材料

智能时代的三要素——数据、算法和算力（教师可以自行节选）

（三）模型测试

	选择数据数量（单位：个）	正确数据（单位：个）	正确率
训练集	10		
测试集	3		

（四）小结

请填空完成机器学习的一般步骤。

准备数据 ⟶ _____ ⟶ 训练模型 ⟶ _____

（五）设置权重

老师对选班长的权重设置如下表所示。

不重要 0 —————— 0.5 —————— 1 重要

条件	权重	候选人小李	候选人小张
成绩好	0.2	年级前50，计票数10	年级前100，计票数5
乐于帮助同学	0.4	同学投票15	同学投票25
长得好看	0.1	同学投票26	同学投票14
纪律好，是全班表率	0.3	同学投票17	同学投票23

得票数=条件1权重×条件1票数+条件2权重×条件2票数+条件3权重×条件3票数…
小李的得票数=0.2×10+0.4×15+0.1×26+0.3×17=15.7

小张的得票数=0.2×5+0.4×25+0.1×14+0.3×23=19.3

老师的结论为：小张当选。

【实践】请你为各参选条件设置权重。

不重要 0 ——————— 0.5 ——————— 1 重要

条件	权重	候选人小李	候选人小张
成绩好		年级前50，计票数10	年级前100，计票数5
乐于帮助同学		同学投票15	同学投票25
长得好看		同学投票26	同学投票14
纪律好，是全班表率		同学投票17	同学投票23

小张票数=_____

小李票数=_____

结论：_____当选。

七、学习效果评估表

1. 学习态度评价

评价标准	出色完成	完成较好	完成一般	完成不好
分值	5	4	3	2

	评价内容	自评	互评
学习常规	（1）积极思考，完成课堂实践活动。		
	（2）认真倾听老师讲课，积极回答问题。		
	（3）认真倾听同学发言，主动找出与自己观点的异同之处，发表自己的观点。		
合作交流	（4）主动与同学交流，采纳他人好的建议，发表自己的观点。		
	总分		

2. 知识性评价

学习目标	新手	学徒	熟练	出色	完美	自评	师评
在寻找北京雨燕的问题上，知道人工智能方法与计算机传统方法的异同。	在寻找北京雨燕的问题上，不能说出人工智能方法与计算机传统方法的异同。	在寻找北京雨燕的问题上，需要较多帮助才能说出人工智能方法与计算机传统方法的异同。	在寻找北京雨燕的问题上，在较少帮助或提示下，可以说出人工智能方法与计算机传统方法的异同。	在寻找北京雨燕的问题上，能说出人工智能方法与计算机传统方法的异同。	能够主动拓展到其他同类问题的分析。		
知道机器学习的一般过程。	不能说出机器学习的一般过程。	需要较多帮助才能说出机器学习的一般过程。	在较少帮助或提示下，可以说出机器学习的一般过程。	能说出机器学习的一般过程。	能够利用机器学习算法解决同类问题。		
能够初步理解数据、算法、算力对人工智能的重要性。	不能理解数据、算法、算力对人工智能的重要性。	需要较多帮助才能理解数据、算法、算力对人工智能的重要性。	在较少帮助或提示下，即可说出数据、算法、算力对人工智能的重要性。	能说出数据、算法、算力对人工智能的重要性。	能够从数据、算法、算力的角度分析其他人工智能的应用场景。		
能够通过AI平台完成声音分类模型的训练和测试。	不能通过AI平台完成声音分类模型的训练和测试。	需要较多帮助才能通过AI平台完成声音分类模型的训练和测试。	在较少帮助或提示下，可以通过AI平台完成声音分类模型的训练和测试。	能够通过模型训练软件完成声音分类模型的训练和测试。	能够利用AI平台训练声音分类模型解决其他同类问题。		
能够通过编程调用模型，完成"小燕同学"的项目实践。	不能通过编程调用模型，完成"小燕同学"的项目实践。	需要较多帮助才能通过编程调用模型，完成"小燕同学"的项目实践。	在较少帮助或提示下，可以通过编程调用模型，完成"小燕同学"的项目实践。	能够通过编程调用模型，完成"小燕同学"的项目实践。	能够通过编程调用模型解决其他同类问题。		

八、总结

本项目为跨学科主题学习内容，针对初二以上学生，基于已有的知识点，探讨北京雨燕的保护措施，如果在初一年级开展，建议通过阅读材料等方式，让学生先对北京雨燕的现状有所了解，以简单地铺垫问题产生的背景。

对于信息科技学科，着重体现"科""技"并重，在理论层面，主要探讨人工神经网络是怎样学习的，让学生了解机器学习的一般过程。在实践层面，让学生利用 AI 平台构建声音分类模型，完成"小燕同学"的项目设计。教师可以根据实际情况酌情删减或调整教学内容，或根据地域特色，设计基于声音分类任务的人工智能课程。

AI Box 为模型训练软件，与其他人工智能实践平台相比，其以友好的界面，图形化编程的方式，成为解决问题的工具，因使用者无须具备 Python 基础，所以更容易被初中生接受。它可以实现从模型训练到模型调用，解决实际问题，辅助学生从数据、算法、算力层面理解人工智能的基本原理。

项目六　图像分类：基于卷积神经网络的人脸性别识别

一、项目概述

近年来，深度学习快速发展，在图像识别、语音识别、物体识别等应用上取得了巨大的成功，例如 AlphaGo 击败世界围棋冠军，OpenAI 发布的 ChatGPT，刷新了人们对 AI 自然语言处理能力的认识，并引发了全球范围内的讨论。DeepMind 的 AlphaFold 算法成功预测了多种蛋白质的三维结构，很多 AI 产品在世界上引起了巨大的轰动。而卷积神经网络是推动这次深度学习革命的主力，在目前人工智能的发展中有着非常重要的地位。

本项目主题为"基于卷积神经网络的人脸性别识别"，以设计人脸性别识别分类小助手为抓手，以仿生学为线索，从人的视觉到机器视觉，从人的神经细胞到一个人工神经元，从人的神经网络到人工神经网络，继续探索人工神经网络。从全连接神经网络的弊端入手，引出卷积神经网络。引导学生学习卷积神经网络原理的同时，完成图片的二分类任务，把技术应用到现实生活中，实现卫生间提示"男生向左走，女生向右走"的项目。

该项目分为三个课时：人的视觉和机器视觉、卷积神经网络及"小五同学"项目实践。

二、基本概念梳理

本项目涉及全连接神经网络、卷积神经网络、图像分类及其他重要的相关概念。

全连接神经网络

全连接神经网络是最简单的神经网络形式，也被称为多层感知器（Multilayer Perceptron，MLP）。它由输入层、多个隐藏层和输出层组成。每个神经元在相邻层之间都有连接，并且每个连接都有一个权重。全连接神经网络通过学习调整这些权重，使得模型能够从输入的数据中学习到适当的特征，从而完成各种任务，如分类、回归等。

卷积神经网络

卷积神经网络是一种特殊类型的神经网络，多用于处理具有网格状结构（如图像、语音）的数据。相较于传统的全连接神经网络，它通过引入卷积层和池化层，来实现对输入数据的特征提取。卷积层通过滑动滤波器（卷积核）进行局部特征提取。池化层则用于减少特征图的维度，保留特征的重要信息。卷积神经网络在图像处理任务中表现出色，因为它能够自动学习图像中的特征，如边缘、纹理等，并通过这些特征进行分类、检测等。

图像分类

图像分类是计算机视觉领域的一项重要任务，其目标是将输入的图像分为不同的预定义类别。比如，给定一张猫或狗的图像，图像分类就是判断图像中的动物是猫还是狗。图像分类是机器学习和深度学习的一个典型应用场景，它在许多实际问题中具有广泛的应用，如人脸识别、车辆检测、医学图像分析等。而卷积神经网络是在图像分类任务中表现优秀的一种神经网络。因此，在图像分类任务中，通常会使用卷积神经网络来提取图像特征，并通过其全连接层进行最终的分类预测。

三、学习目标

1. 了解通过系统识别图片的方法。
2. 能够理解全连接神经网络的基本结构，知道反向传播和梯度下降算法的基本原理。
3. 能够理解卷积神经网络中卷积和池化的含义，并搭建卷积神经网络，对数据进行训练。
4. 能够将复杂的项目抽象、分解为小任务，提升问题解决能力。
5. 能够通过图形化编程，完成"小五同学"的设计和制作，初步培养计算思维能力。

四、教学活动流程图

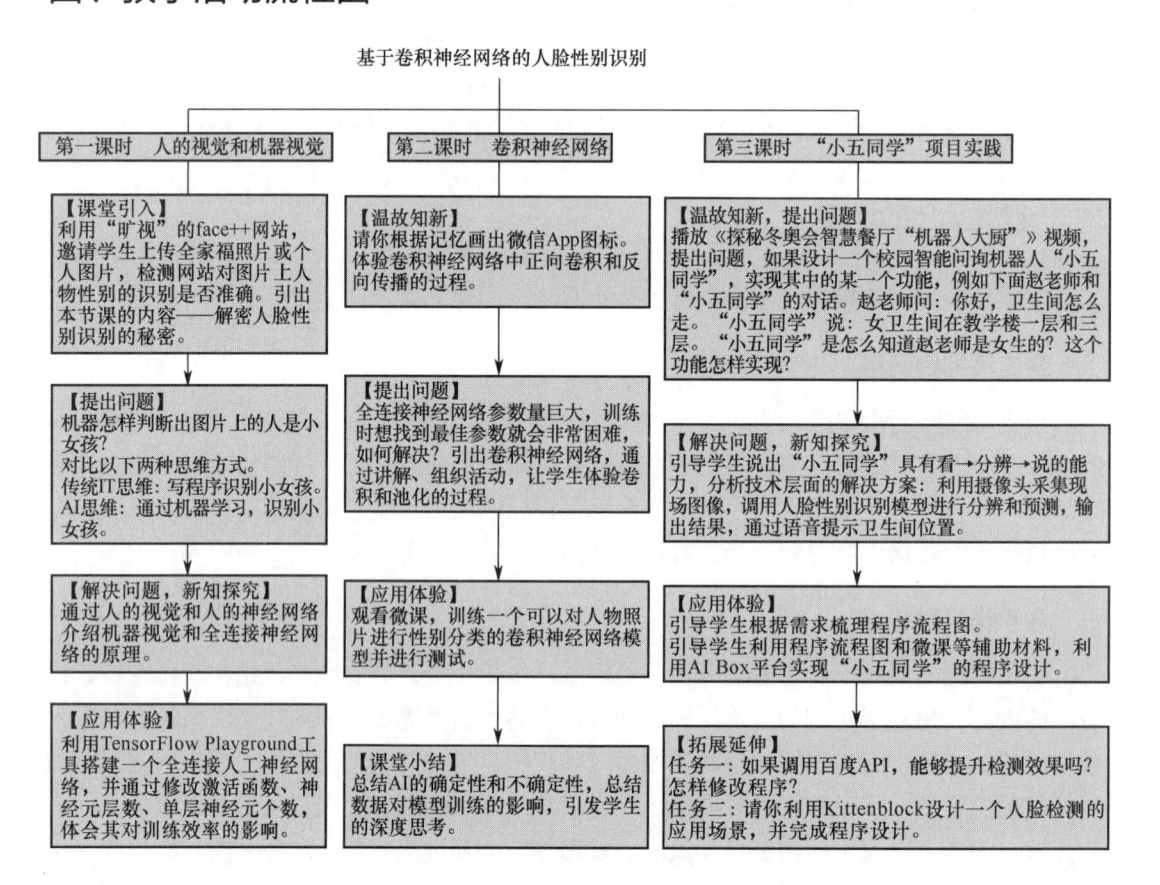

基于卷积神经网络的人脸性别识别

第一课时　人的视觉和机器视觉	第二课时　卷积神经网络	第三课时　"小五同学"项目实践
【课堂引入】利用"旷视"的face++网站，邀请学生上传全家福照片或个人图片，检测网站对图片上人物性别的识别是否准确。引出本节课的内容——解密人脸性别识别的秘密。	【温故知新】请你根据记忆画出微信App图标。体验卷积神经网络中正向卷积和反向传播的过程。	【温故知新，提出问题】播放《探秘冬奥会智慧餐厅"机器人大厨"》视频，提出问题，如果设计一个校园智能问询机器人"小五同学"，实现其中的某一个功能，例如下面赵老师和"小五同学"的对话。赵老师说：你好，卫生间怎么走。"小五同学"说：女卫生间在教学楼一层和三层。"小五同学"是怎么知道赵老师是女生的？这个功能怎样实现？
【提出问题】机器怎样判断出图片上的人是小女孩？对比以下两种思维方式。传统IT思维：写程序识别小女孩。AI思维：通过机器学习，识别小女孩。	【提出问题】全连接神经网络参数量巨大，训练时想找到最佳参数就会非常困难，如何解决？引出卷积神经网络，通过讲解、组织活动，让学生体验卷积和池化的过程。	【解决问题，新知探究】引导学生说出"小五同学"具有看→分辨→说的能力，分析技术层面的解决方案：利用摄像头采集现场图像，调用人脸性别识别模型进行分辨和预测，输出结果，通过语音提示卫生间位置。
【解决问题，新知探究】通过人的视觉和人的神经网络介绍机器视觉和全连接神经网络的原理。	【应用体验】观看微课，训练一个可以对人物照片进行性别分类的卷积神经网络模型并进行测试。	【应用体验】引导学生根据需求梳理程序流程图。引导学生利用程序流程图和微课等辅助材料，利用AI Box平台实现"小五同学"的程序设计。
【应用体验】利用TensorFlow Playground工具搭建一个全连接人工神经网络，并通过修改激活函数、神经元层数、单层神经元个数，体会其对训练效率的影响。	【课堂小结】总结AI的确定性和不确定性，总结数据对模型训练的影响，引发学生的深度思考。	【拓展延伸】任务一：如果调用百度API，能够提升检测效果吗？怎样修改程序？任务二：请你利用Kittenblock设计一个人脸检测的应用场景，并完成程序设计。

五、学习活动详案

第一课时　人的视觉和机器视觉			
教学阶段	教师活动	学生活动	设计意图
课堂引入提出问题	【"旷视"face++体验】 演示利用"旷视"face++平台识别图片上的人物并判断其性别，引导学生用自己的合影照片做人脸性别识别的分析，并判断系统的识别是否准确。 提问：你知道系统是怎么识别图片上人物性别的吗？今天我们就来揭秘这个问题。	思考、体验。	通过体验"旷视"face++平台应用，让学生对人脸性别识别有一个感性认识，并引出主题：基于卷积神经网络的人脸性别识别。
解决问题新知探究	【AI思维和编程思维】 提问：系统是怎么判断图片上的人物是女生的？ 对于传统的计算机系统，我们只需要提前写好程序，系统按照给定程序一步步执行就可以，比如1+1等于2，或者，如果不下雨就去逛街，如果下雨就在家学习。系统不需要思考，只需要一步步执行写好的代码。所以性别识别问题可以用程序设计为：如果图片中的人物是长头发或穿着裙子，就可以判断这是女生。那么那些留着短发而且不穿裙子的女生怎么识别呢？ 【原理探究】 1．提问：我们是怎么知道要称呼某人为姐姐的？ 小结：我们很小的时候，妈妈经常抱着我们出去，告诉我们这个叫姐姐，那个叫姐姐。认得多了，我们就知道怎么辨识了。 2．提问：我们是怎样看到东西的？ 小结：人眼只摄入图像，大脑才是认知的关键。 3．提问：计算机是怎么看到图片的？你能观察、对比"我们眼中的8"和"计算机眼中的8"这两张图片，并总结计算机眼中的这些数字代表什么吗？	听讲、思考，回答问题。	让学生了解使用计算机传统方法和使用人工智能方法处理同类问题的不同效果。 先让学生对知识有一个宏观的把握，再逐步细化，帮助学生理解机器学习的概念。

(续表)

教学阶段	教师活动	学生活动	设计意图
解决问题新知探究	小结:"我们眼中的8"图片被放大后出现了马赛克,马赛克的每个小格子是一个像素点,但是计算机和我们看到的不一样,它看到的是一些数字,这些数字代表什么呢?白色是0,黑色是255,中间数字10、21就是中间的灰度状态,最后形成了上图"计算机眼中的8"的效果。有时候我们也会用0和1代表明暗程度,需要把图片上的数字除以255,就变成0~1的数值,表示明暗程度。那么,彩色图片在计算机中是怎么存储的呢? 4．提问:你能猜猜彩色照片在计算机中是怎么存储的吗? 提问小结:彩色照片是由R、G、B三种颜色叠加而成的,相当于存了三张图片,分别用R、G、B三基色的亮度的相加值来表示像素的颜色,每种基色的亮度值范围也为0~255。 5．全连接神经网络:图像数据的输入 提问:之前我们已经学习了全连接神经网络,也知道图像是怎么存储在计算机中的,那么这些代表图像的数字是怎么传递到全连接神经网络中去的呢? 小结:只需要把它展开、摊平,从二维图片变成一维数字就行了。 6．全连接神经网络:图像数据的处理 数据的处理就是运算的过程,也是机器学习的过程,在"北京雨燕"这节课中,我们了解了神经元之间有很多连接,也知道其学习的过程就是不断调整参数的过程。	听讲、思考,回答问题。	通过对比计算机与人类视觉,让学生更好地了解机器视觉。

第一课时　人的视觉和机器视觉

(续表)

教学阶段	第一课时　人的视觉和机器视觉		
	教师活动	学生活动	设计意图
解决问题新知探究	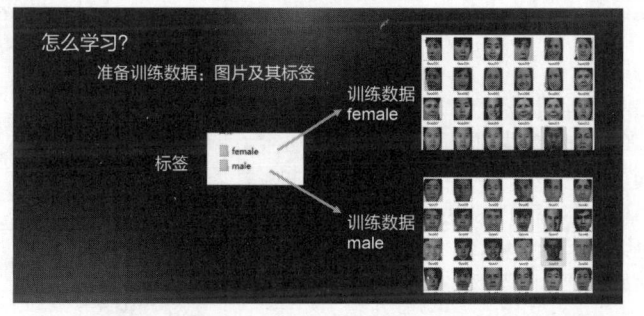 计算机在处理图像分类任务前，也需要为其准备大量的男生人脸图片，放在一个文件夹里，通过文件夹的命名告诉它这类图片上的人是男生，那类图片上的人是女生，把图片信息"喂"给计算机。 在计算机学习的过程中，随机输入一张图片，给定一个参数值，最后就能输出一个结果。比如它判定某张图片上的人物有10%的概率是女生，而图片上实际是女生，说明计算机判断有误。 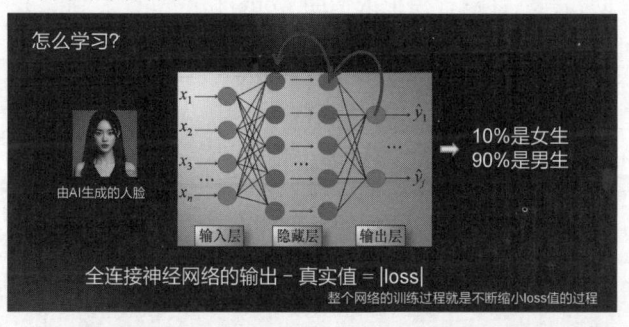 计算机通过计算发现了全连接神经网络的输出与真实值之间的差异（loss）很大，因此就反向传播，调整参数，以输出更为准确的结果。整个训练过程就是不断缩小 loss 值的过程。怎样让 loss 快速下降到最小值呢？必须找对方法才行，这个方法就是梯度下降算法，大家不用深究其中的数学公式和计算方法，只需要知道其原理即可。 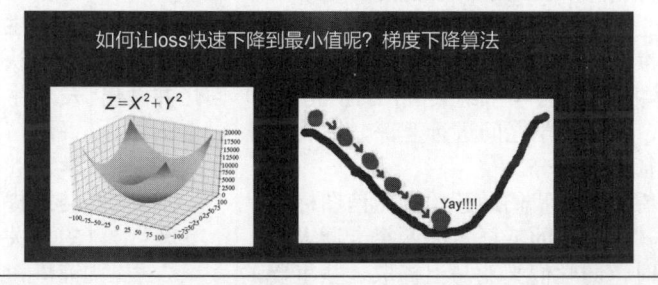	听讲、思考、回答问题。	通过连环提问的方式，把理论讲解变成问题归纳，引发学生的思考。

(续表)

	第一课时 人的视觉和机器视觉		
教学阶段	教师活动	学生活动	设计意图
应用体验	如果说模型训练的过程就是蒙眼人从山顶下山的过程，可以把梯度下降算法比喻为蒙眼人手里的一个法宝，通过这个法宝可以知道最佳路线，从而知道下一步往哪里走。如此重复下去，蒙眼人就可以以最快的速度下山了。 　　7. 全连接神经网络的可视化体验 　　引导学生学习微课"神经网络可视化"，打开Tensorflow Playground，建立一个全连接神经网络，并且通过调整隐藏层层数和神经元个数，观察训练效果和训练时间的变化。	学习微课。	通过实践操作，学生可以直观地了解全连接神经网络的结构，将理论知识与实际应用相结合，从而更好地理解链接神经网络的工作原理，以及隐藏层层数和神经元个数对训练效果和时间的影响。
拓展延伸	挑战实践活动（二选一） 　　（1）请你说说人工神经网络的学习过程对你学习的启发。 　　（2）男女性别识别可以应用到哪些场景？能够辅助解决哪些问题？（可以借助编程软件进行模拟或借助word、ppt进行说明）	完成实践活动。	通过开展实践活动促进学生的深度思考。
课堂小结	今天我们发现系统非常聪明，它可以自己学习，它之所以能够学得很好，是因为有反向传播过程，有梯度下降算法，可及时纠错。其实我们的学习也是一样的，只要我们意识到自己的错误并且积极改正，在学习的过程中能够认真分析做错的题目，认真对待错题本，我们的知识体系也会越来越完善！	回忆，记忆，总结。	通过课堂小结回顾项目重点，并引发学生对其学习行为的思考。

	第二课时 卷积神经网络		
教学阶段	教师活动	学生活动	设计意图
温故知新提出问题	活动引入：我们平时经常使用微信App进行交流，但是你记得这个App的图标长什么样吗？请你根据记忆画出微信App的图标。 　　（学生根据脑海中的印象画出微信App的图标，计时1分钟；接着教师通过PPT展示微信App图标10秒，然后结束展示，学生继续画，计时40秒；教师再次展示微信App图标10秒，再将其关闭，学生继续画，计时30秒。） 　　画完微信图标后，邻座同学之间进行互评，每从对方的画中多提取到一个特征即加1分。 　　活动小结：大家想一想，我们最开始画微信图标时，大部分同学都能想到其中重要的特征，如两个卡通人脸；第二次展示微信图标时，同学们又能马上提取一些重要	根据老师的要求，回忆并画出微信图标。	体验卷积神经网络中正向卷积和反向传播的过程。让学生有一个感性认识，激发学生的学习兴趣，为后面学习卷积神经网络提取特征的相关内容做铺垫。

(续表)

教学阶段	教师活动	学生活动	设计意图
	第二课时　卷积神经网络		
温故知新提出问题	的特征，如颜色和方向，还有些同学发现小尾巴的方向错了，又擦掉之前的，重新画上。这个过程像上节课学习的全连接神经网络中的哪个环节呢？ 预期的学生答案：反向传播，即通过对比展示图和自己画的图，发现错误，及时调整。		
解决问题新知探究	【提出问题】 提问：这是一张分辨率为 3648*2736 的图片，如果把它输入到全连接神经网络中，且隐藏层的第一层有 1000 个神经元，那么隐藏层的第一层有多少个连接呢？ 图像 ID 分辨率　　3648 x 2736 宽度　　　3648 像素 高度　　　2736 像素 水平分辨率　96 dpi 垂直分辨率　96 dpi 小结：3648*2736*1000=9980928000，这是一张彩色图片，还得将以上结果乘以 3，这个数据量很大，说明系统在学习的过程中需要调整的参数量巨大，会让训练变得更困难，怎么解决这个问题呢？ 【知识讲解：缩小图片的方法一】 可以从图片的特点入手，一张图片的像素很多，但是图片上的局部特征像素要比整张图片的像素少得多，比如可以通过黑眼圈特征判断出图片上大概率是一只大熊猫，这样就简化了连接数，也简化了一些参数。只需要训练出一个黑眼圈检测器，就可以识别出很多大熊猫了。而且，这个特征可能出现在图片的任意位置。	听讲，思考，回答问题。 观察并思考。	从全连接神经网络的缺点入手，引出卷积神经网络，让学生对卷积和池化的意义有更深刻的理解。 通过举出生活中的实例，便于学生理解卷积神经网络。

(续表)

第二课时　卷积神经网络			
教学阶段	教师活动	学生活动	设计意图
解决问题新知探究	【知识讲解：缩小图片的方法二】 　　如果对图片进行缩放，并不会影响我们判断图片上是否还是一只大熊猫，但是缩小后的图片像素变少，连接变少，参数就会变少，模型的训练就会相对容易了。 【知识讲解：卷积神经网络的概念图】 　　通过对图像特征的了解和利用，我们又找到了一个识别图像非常好的算法——卷积神经网络算法，它是目前图像识别、语音识别及目标检测领域表现最好的深度学习算法之一。 　　提问：请大家观察一下，卷积神经网络和咱们上节课讲的全连接神经网络有什么不同？ 　　小结：卷积神经网络多了前面的卷积和池化，有什么作用呢？这与刚才讨论的图像特点有关系，卷积的目的是对图像的局部特征进行特征提取，因为图片上的一些局部特征像素要比整张图片的像素少得多。同样的特征可以出现在图片的不同区域。池化的过程利用了对图片进行缩放不会改变图像中物体的特点。通过反复卷积和池化，将图像再放进全连接神经网络后，训练难度就能降低很多。 1. 图片上的局部特征像素要比整张图片的像素少得多，同样的特征可以出现在图片的不同区域 2. 对图片进行缩放不会改变图片中的物体。	观察并类比卷积神经网络与全连接神经网络。	通过提问，让学生主动发现卷积神经网络和全连接神经网络之间的区别，进一步激发他们对深度学习的兴趣和好奇心。

(续表)

教学阶段	教师活动	学生活动	设计意图
	第二课时　卷积神经网络		
解决问题新知探究	【计算体验：卷积的方法】 　　卷积是卷积神经网络的精髓，原始图像是一个 5*5 的图像，用 3*3 的卷积核来提取特征，卷积核是什么呢？就像黑眼圈检测器，目的是探测图像中一些小的特征。一个卷积神经网络模型里可以有很多卷积核，通过不同的卷积核去探测图像的不同特征。卷积核里面的数值是怎么来的呢？是通过机器学习，由系统不断调整参数训练得出的。那么怎么使用卷积核探测特征呢？使用的算法是什么？就是对应位置相乘再相加。 　　引导学生计算图示图像的卷积结果。 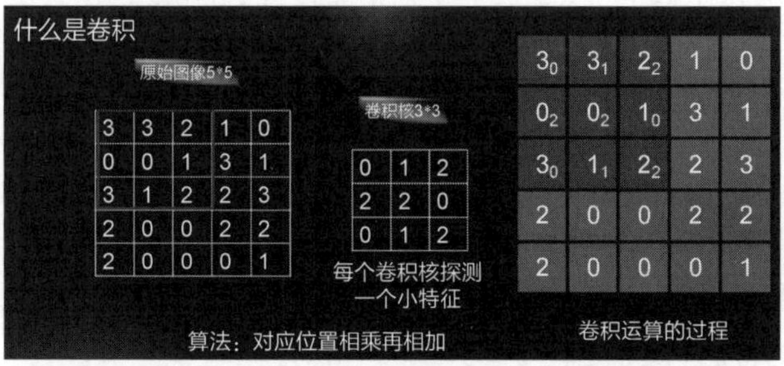 　　活动小结：上面所说的卷积只定义了一个数学运算，那么这个数学运算有什么直观意义呢？原图像和卷积核相乘再相加后得到的图像和原图像有什么关系呢？咱们来做一个体验活动。	进行卷积运算，并把结果填写到导学案上。	让学生参与卷积运算的过程，增强学生对卷积神经网络的理解。
应用体验	【体验活动】 　　打开网址，通过调整不同的卷积核进行运算，得到不同的图像特征结果。 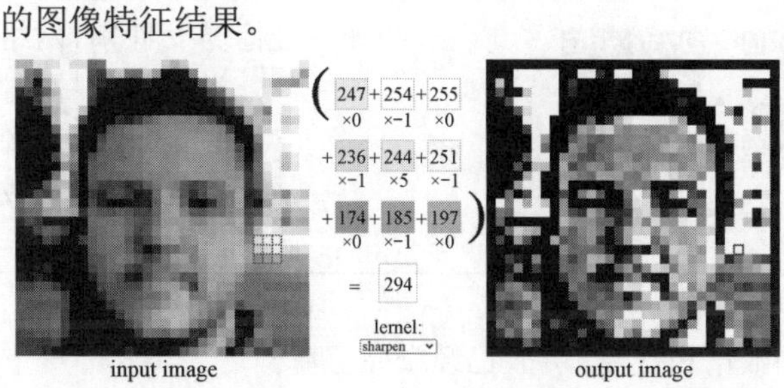	打开卷积神经网络的可视化工具，进行卷积核运算体验。	通过卷积神经网络的可视化工具，让学生更直观地发现提取特征后的图像与原图像的区别，理解通过卷积核提取特征的过程与原理。

(续表)

教学阶段	教师活动	学生活动	设计意图
解决问题新知探究	【猜算法：最大池化】 什么是最大池化 输入图像 → 最大池化 → 输出图像 0 50 0 29 0 80 31 2 33 90 0 75 0 9 0 95 由原始4*4的图像池化后成为2*2的图像 80 ? ? ? 利用"缩小图像并不能改变图像中的物体"这个特点。出示图像，左侧是一个 4*4 的图像，右侧是左侧图像最大池化后的结果，引导学生猜一猜最大池化的算法是什么。 小结：可以将最大池化比喻为一个小池子，把里面最大的值给拿出来。原来 4*4 的图像，变成了 2*2 的图像，起到了缩小图像的效果。 【阶段小结：卷积神经网络的原理】 卷积神经网络将原图像通过 n 轮的卷积和池化，生成新的图像，把这个新的图像输入全连接神经网络中，这样训练的效率就能得到提高。前面我们在玩画微信 App 图标的游戏时，反复提取图标的特征，这个过程与卷积神经网络的正向卷积过程类似；在看到展示的图标后，我们进行修改的这个过程，类似于卷积神经网络的反向传播过程。因此卷积神经网络的学习过程可以简化为正向卷积、反向传播的过程。	思考并回答问题。	通过看图、看数据进行归纳，提高学生的观察力，激发学生的学习兴趣。
实践探究	引导学生学习微课，训练一个可以对照片上的人物进行男女性别分类的卷积神经网络模型。引导学生使用图片测试训练效果。	学习微课，训练一个可以对照片上人物进行男女性别分类的卷积神经网络模型。	学生通过体验数据输入、训练、测试的过程，加深对卷积神经网络的理解，同时把理论应用到实践，为完成实践项目做准备。
课堂小结	【总结】 虽然我们拥有大量的数据和资源，并且已经掌握了基础算法，如卷积和池化，但 AI 通过训练和优化所找到的规则实际上是一组复杂的数字参数。这些参数对于人类来说可能难以直观理解，因此在某种程度上可以被视为"无	回忆、总结。	

(续表)

第二课时　卷积神经网络			
教学阶段	教师活动	学生活动	设计意图
课堂小结	字天书"。然而，科学家们正在不断努力将这些数字模型转化为更易于理解的形式，以促进 AI 的可解释性和广泛应用。随着技术的不断进步，我们有望看到更多易于理解和解释的 AI 模型和方法。 　　在本项目中，无法解释这些问题：为什么通过 ReLU 函数可以实现大多数男女性别的识别？反向传播的过程中系统是怎么样调整神经元的连接强度的？所以，系统给出的结果具有不确定性。 　　提问：刚才测试模型时，有的同学发现识别的结果有错误，不如之前在"旷视科技"主页上的测试效果好，这是什么原因呢？ 　　小结：首先，老师提供的训练集的数据数量和种类有限，大小也进行了统一限制，所以用这些数据训练出来的模型在识别照片时具有局限性。咱们课上训练的模型好比是小学一年级的学生，"旷视科技"主页上的模型则是大学毕业生，大学生在某些方面要比小学生更见多识广。还有其他的原因吗？感兴趣的同学可以继续思考。		总结 AI 的确定性和不确定性，总结数据对模型训练的影响，引发学生的深度思考。

第三课时　"小五同学"项目实践			
教学阶段	教师活动	学生活动	设计意图
温故知新提出问题	播放《探秘冬奥会智慧餐厅"机器人大厨"》视频。 　　小结：这节课，赵老师也带着咱们的人脸性别识别模型凑一下新科技的热闹。我希望设计一个校园智能问询机器人"小五同学"，实现下面场景中的功能。 　　赵老师："你好，卫生间怎么走。" 　　"小五同学"说："女卫生间在教学楼一层和三层。" 　　提问："小五同学"怎么知道我是女生？这个功能怎样实现？	思考并回答问题。	本节课为项目实践环节，从生活实际出发，提出项目主题内容。

(续表)

教学阶段	教师活动	学生活动	设计意图
	第三课时 "小五同学"项目实践		
解决问题 新知探究	1. 提问:"小五同学"需要具有哪些能力,才能实现上面的功能呢? 小结: "小五同学"需要有以下几个核心能力:(1)辨别性别的能力,即能够利用人脸性别识别模型对人脸照片进行分类,判断照片上是男生还是女生;(2)看的能力,即利用摄像头对现场人脸进行采集;(3)说的能力,即利用语音合成技术说出识别结果。 2. 引导学生根据需求梳理简易程序流程图。把A、B、C选项填在对应位置上。	对"小五同学"的需求进行分析,梳理程序流程图。	让学生带着问题学习,帮助学生解决困惑,激发其学习动力。同时,确保不同层次的学生都能得到适当的指导,满足个性化学习的需求。 引导学生说出"小五同学""看→分辨→说"的能力,将问题抽象为:调用上节课训练好的人脸性别识别模型,利用摄像头采集现场图像,调用人脸性别识别模型进行分辨,输出结果,并通过语音提示卫生间位置。培养学生的计算思维能力。
应用体验	基础任务:引导学生学习微课,参考程序流程图,在AI Box平台上实现"小五同学"的程序设计。	根据梳理的流程图完成程序设计。有能力者可完成拓展任务。	通过动手编程,培养学生独立思考的意识和动手能力。

(续表)

教学阶段	教师活动	学生活动	设计意图
第三课时 "小五同学"项目实践			
拓展延伸	选择拓展任务进行练习。 任务一：如果调用百度 API，能够提升检测效果吗？怎样修改程序？ 任务二：请你利用 Kittenblock，设计一个人脸检测的应用场景，并完成程序设计。 首先针对学生的编程任务进行梳理，确保学生明确任务要求和目标。随后，为学生预留 15 分钟的时间进行自主编程。 对于在编程过程中遇到困难或完全没有思路的学生，可以提供微课辅助其学习。		
课堂小结	我们今天完成了"小五同学"项目设计，今后学习了新的人工智能技术，我们还可以赋予"小五同学"更多的超能力，这就需要我们带着 AI 的视角思考问题，观察世界。相信今后我们会有更多好的想法，并会努力将其变成现实。	总结，思考。	对课堂内容进行总结，对学生提出希望。

六、导学案

基于卷积神经网络的人脸性别识别（第二课时）

1. 请在下方画出微信 App 的图标。

2. 请将卷积运算的结果填在右侧空白处（算法：对应位置相乘，然后相加）。

3	3	2	1	0
0	0	1	3	1
3	1	2	2	3
2	0	0	2	2
2	0	0	0	1

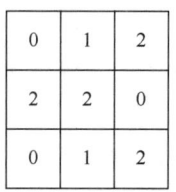

原始图像5*5

0	1	2
2	2	0
0	1	2

卷积核3*3

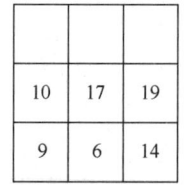

10	17	19
9	6	14

卷积运算后的结果

七、学习效果评估表

1. 学习态度评价

评价标准	出色完成	完成较好	完成一般	完成不好
分值	5	4	3	2

	评价内容	自评	互评
学习常规	（1）积极思考，完成课堂实践活动。		
	（2）认真倾听老师讲课，积极回答问题。		
	（3）认真倾听同学发言，主动找出与自己观点的异同之处，发表自己的观点。		
合作交流	（4）主动与同学交流，采纳他人好的建议，发表自己的观点。		
	总分		

2. 知识性评价

学习目标	新手	学徒	熟练	出色	完美	自评	师评
理解卷积神经网络中卷积和池化的含义。	不能理解卷积神经网络中卷积和池化的含义。	需要较多帮助才能理解卷积神经网络中卷积和池化的含义。	在较少帮助或提示下，可以理解卷积神经网络中卷积和池化的含义。	能理解卷积神经网络中卷积和池化的含义。	理解卷积神经网络中卷积和池化的含义，掌握卷积运算和最大池化运算的方法。		

(续表)

学习目标	新手	学徒	熟练	出色	完美	自评	师评
能搭建卷积神经网络，对数据进行训练。	不能搭建卷积神经网络，对数据进行训练。	需要较多帮助才能搭建卷积神经网络，对数据进行训练。	在较少帮助或提示下，可以搭建卷积神经网络，对数据进行训练。	能搭建卷积神经网络并对数据进行训练。	能搭建卷积神经网络，解决其他图像分类问题。		
能根据功能需求梳理程序流程图。	不能根据功能需求梳理程序流程图。	需要较多帮助才能梳理程序流程图。	在较少帮助或提示下，可以根据功能需求梳理程序流程图。	能根据功能需求梳理程序流程图。	能将方法拓展到解决其他同类问题。		
能完成"小五同学"的程序设计。	不能完成"小五同学"的程序设计。	需要较多帮助才能完成"小五同学"的程序设计。	在较少帮助或提示下，可以完成"小五同学"的程序设计。	能独立完成"小五同学"的程序设计。	能有创意地完成拓展任务。		

八、总结

本项目对人工神经网络算法进行了深入探讨，选择了较为热门且容易理解的卷积神经网络作为代表，引导学生对人工神经网络的原理进行更深入的认识，进一步理解数据和算法在人工智能中的重要作用。在组织开展课程的过程中，避免进行长时间的理论讲授，可以通过小组讨论、提问、播放视频、实践活动、角色扮演等方式，增强学生的学习兴趣，激发其好奇心，从而提高其学习效果。

项目七　目标检测：疫情中的 AI

一、项目概述

本项目主要讨论计算机视觉中的目标检测。目标检测在计算机视觉领域中扮演着重要角色，它可以帮助计算机理解图像中的内容，并准确定位和标识出感兴趣的目标物体。以口罩检测为例开展项目实践，揭秘目标检测任务的核心概念，重点讲解基于 YOLO（You Only Look Once）神经网络实现目标检测的原理和实现过程。

二、基本概念梳理

本项目涉及计算机视觉、目标检测及其他重要的相关概念。

计算机视觉又称机器视觉，是一门"教"计算机如何"看"世界的学科。形象地说，就是给计算机安装上眼睛（照相机）和大脑（算法），让计算机能够感知环境。目标检测是计算机视觉领域中的一个重要研究方向。

目标检测是指在图像中定位和识别特定目标。它不仅需要判断图像中是否存在目标，还需要确定目标的位置和类别。YOLO 神经网络是一种主流的目标检测算法。

三、学习目标

1. 能够说出目标检测的基本概念。
2. 理解目标检测实现的原理和过程。
3. 能够对数据打标签、并利用打好标签的数据进行模型训练。
4. 能够调用训练好的模型完成口罩检测实践任务。

四、学习活动详案

教学过程			
教学阶段	教师活动	学生活动	设计意图
课堂引入提出问题	提问：对于个人而言，在新冠疫情中最重要的防疫物资是什么？ A. 口罩	思考并回答问题。	通过互动方式引发学生的思考，激发学生的学习兴趣。

(续表)

教学过程				
教学阶段	教师活动	学生活动	设计意图
课堂引入提出问题	B．75%酒精 C．疫苗 小结：很多同学选择了口罩，病毒那么小，戴口罩真的有用吗？我们来看一个短片。 播放短片《病毒小到看不见，戴口罩真的管用吗？》。 小结短片内容：看来戴口罩真的管用，不管是防止新冠病毒还是其他的呼吸道病毒。我们在人员密集的场所都应该有戴口罩的意识，疫情期间，商场或者公共场所的入口处一般都有一个屏幕，用于显示进入商场的顾客的体温，同时提醒没戴口罩的顾客戴好口罩。 提问：系统怎样检测你是否戴了口罩？大家能用学过的知识猜测一下吗？ 小结：有些同学想到了人脸性别识别，用戴口罩的人脸和没戴口罩的人脸训练一个二分类模型，这是一个很好的方法，但是比较适合于检测静止的物体。而刚才的场景中，人们路过屏幕，一直在动，系统可能就不能很准确地对其进行识别了，今天我们就来学习使用目标检测算法来解决这个问题。	对老师提出的问题进行猜测，然后回答。	从熟悉的问题出发，引出目标检测算法的优势。
温故知新发现问题	1．目标检测概述 机器视觉中的目标检测，其目的是在图像或视频中准确地识别和定位特定的目标。例如，在无人驾驶中，目标检测用于检测出其他车辆并框选出它们的位置；在工地安全中，目标检测用于框选出工人头部并判断其是否佩戴安全帽；此外，目标检测还可以应用于遥感技术，即在遥感图像中识别和定位飞机、舰船等目标。 目标检测解决什么问题？ 帽子在哪儿？ 1.What? 图像中是什么？我们的检测目标是什么？ hat 0.9 2.Where? 在图像的什么位置？目标的定位坐标大致范围是多少？ 所以目标检测核心的功能就是解决目标物体"是什么"和"在哪里"的问题。检测图片中是否有帽子，目标检测的结果告诉我们有帽子，同时框选出帽子所在的位置。	思考并回答问题。	从目标检测的概念到基本原理的学习，体验给数据打标签和训练数据的过程，辅助学生理解人工神经网络是怎样学习的。

(续表)

教学过程			
教学阶段	教师活动	学生活动	设计意图
温故知新发现问题	2．目标检测实现算法：YOLO 神经网络 　　实现目标检测的算法非常多，我们介绍目前比较主流的基于深度神经网络的 YOLO 算法，来解密口罩是怎样被识别出来的。YOLO（You Only Look Once）的英文名称很有浪漫色彩：只需要看一次，就能认出来你。它是什么原理呢？首先来看下面这张我们非常熟悉的人工神经网络示意图。我们给人工神经网络输入一张图片，希望它告诉我这张图片上的人有没有戴口罩，并且框出来口罩的位置。 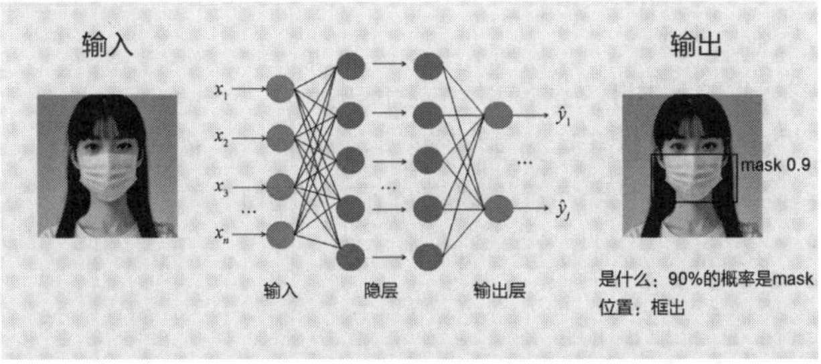 怎样通过人工神经网络解决这个问题呢？ 　　第一步，准备数据，告诉人工神经网络要检测什么？并在图中标识出来。 　　提供很多戴口罩和没有戴口罩的人脸图片，对图片中的人脸做标注：将图片中戴口罩的人脸标注为 mask；将没有戴口罩的人脸标注为 nomask，我们把这一步称为打标签。请跟着微课学习怎样给图片打标签。  标注为 mask 的人脸	学习微课，对图片中的人脸做标注。	引导学生掌握"打标签"这一关键环节，这个环节对于后续深入学习目标检测算法及开展创意实践活动非常重要。

(续表)

教学阶段	教师活动	学生活动	设计意图
温故知新发现问题	标注为 nomask 的人脸		
应用体验	第二步，训练模型，测试模型。 刚才我们准备了很多图片类型的数据，并且做了相应的 mask 或 nomask 标注，下面开始对标注过的数据进行训练。建立一个模型 model，当我们随机在计算机中输入一张图片时，计算机会输出 mask（及其在图片中的位置）或 nomask。 引导学生打开相关微课，学习训练目标检测模型的方法。 活动小结：刚才给大家的只是部分数据，由于数据量太小，测试时发现效果很不好。老师在网上找到了八百多张标注过的图片的训练集，且课前训练了一个比较好的模型，在接下来的实践项目中，大家可以直接使用。	学习微课，训练模型并测试模型。	通过动手体验，提升学生动手能力，强化其对目标检测原理的理解。
解决问题新知探究	口罩检测项目实践： 请大家对商场门口口罩检测的逻辑进行梳理。引导学生通过填空完成对项目内容的梳理。	对程序设计思路进行梳理，完成口罩检测的项目实践。	利用训练好的模型完成口罩检测。体现"科""技"并重。

(续表)

教学阶段	教师活动	学生活动	设计意图
	教学过程		
解决问题新知探究	引导学生利用梳理的内容和相应的微课完成项目实践。 需要注意的是：打标签环节比较费时，因此在课上只做体验即可，在项目实践时，老师直接发给学生训练好的模型，以获得更好的项目实践效果。	对程序设计思路进行梳理，完成口罩检测的项目实践。	
课堂小结	我们通过这个项目了解了计算机视觉中非常重要的任务类型——目标检测，也学习了目标检测的基本原理和模型训练过程，请大家思考：目标检测技术在医疗或公共卫生领域还可以怎样应用？需要训练哪些数据？训练的模型如何应用？	回忆，总结。	培养学生的创新能力和系统思维能力，让学生将目标检测技术与医疗或公共卫生领域的实际问题结合起来。

五、学习效果评估表

1. 学习态度评价

评价标准	出色完成	完成较好	完成一般	完成不好
分值	5	4	3	2

评价内容		自评	互评
学习常规	（1）积极思考，完成课堂实践活动。		
	（2）认真倾听老师讲课，积极回答问题。		
	（3）认真倾听同学发言，主动找到与自己观点的异同之处，发表自己的观点。		
合作交流	（4）主动与同学交流，采纳他人好的建议，发表自己的观点。		
总分			

2. 知识性评价

学习目标	新手	学徒	熟练	出色	完美	自评	师评
能够说出目标检测的基本概念。	不能说出目标检测的基本概念。	需要较多帮助才能说出目标检测的基本概念。	在较少帮助或提示下，即可说出目标检测的基本概念。	能说出目标检测的基本概念。	能够主动思考生活中目标检测的应用场景。		
理解目标检测的原理和过程。	不能理解目标检测的原理和过程。	需要较多帮助才能理解目标检测的原理和过程。	在较少帮助或提示下，能理解目标检测的原理和过程。	能够理解目标检测的原理和过程。	能够简要地概括目标检测的原理和过程。		
能够对数据打标签，并利用打好标签的数据进行模型训练。	不能完成对数据打标签。	需要较多帮助才能对数据打标签，并利用打好标签的数据进行模型训练。	在较少帮助或提示下，可以对数据打标签，并利用打好标签的数据进行模型训练。	能够对数据打标签，并利用打好标签的数据进行模型训练。	能够拓展到其他同类问题的解决。		
能够调用训练好的模型，完成口罩检测实践任务。	不能完成口罩检测实践任务。	需要较多帮助才能完成口罩检测实践任务。	在较少帮助或提示下，能完成口罩检测实践任务。	能够调用训练好的模型，完成口罩检测实践任务。	能够在生活场景中利用目标检测解决其他问题。		

六、总结

口罩检测是比较经典的目标检测应用案例，也是学生生活中的案例，在课程科学原理内容的设计上，教师可以根据学生水平增加或删减，如果学生水平较高，希望对算法进行深入学习，可以增加"YOLO 神经网络是怎样学习的"相关内容。YOLO 神经网络是一种基于卷积神经网络的目标检测算法，与传统的目标检测算法相比，它具有较快的检测速度和较高的准确率，尤其在实时场景中表现突出，可以从该角度探讨算法的原理和优势。在实践环节可以让学生尝试自己编程，当出现问题时，再提供微课，辅助学生解决问题，以增强学生的学习成就感，提高其自主学习能力。如果学生水平一般，可以减少算法原理相关内容，使用 Kittenblock 平台完成项目实践，程序样例如图 7-1 所示。而 AI Box 平台的优势是：可以把目标检测算法原理部分内容拆解，让学生体会准备数据和训练数据的过程。

图 7-1 使用 Kittenblock 平台实现口罩检测程序样例

项目八 人脸识别：人脸识别就餐计费

一、项目概述

人脸识别是一种基于生物特征识别的技术，通过分析人脸图像，提取出人脸的特征信息，从而进行身份验证和识别。人脸识别技术被广泛应用于社会生活和安防领域，如门禁系统、考勤系统、手机解锁、金融支付、监控视频等。此外，人脸识别技术还被应用于智能交通、智慧城市、公安司法等领域，用于出入境管理、验证身份、追踪犯罪嫌疑人等。

本项目主要介绍人工智能领域中的一个热门应用——人脸识别就餐计费系统。引导学生深入了解人脸识别的基本原理，掌握人脸识别就餐计费系统的功能分析和程序设计方法。

在本项目中，首先，学习人脸识别的基本原理；随后，提出本校食堂系统改造任务，深入分析人脸识别就餐计费系统人脸识别端的功能，注意本项目重点在于人脸识别端的功能分析和程序设计，不涉及系统的后端管理和数据库等内容；最后，在功能分析的基础上，引导学生进行程序设计，完成人脸识别就餐计费系统改造，培养学生的计算思维、逻辑思维和创新能力，提高学生的问题解决能力，为学生未来在人工智能领域的学习和发展奠定坚实的基础。

二、基本概念梳理

本项目涉及人脸识别的定义和原理、一般过程、人脸识别的安全问题及其他重要的相关概念。

人脸识别的定义：人脸识别是一种通过计算机视觉和模式识别技术，对人脸图像进行分析和比对，从而实现对个体身份进行识别和验证的技术。

人脸识别的原理：人脸识别技术通过采集和提取人脸图像的特征，如面部轮廓、眼睛、鼻子、嘴巴等关键点，使用算法和模型进行特征匹配，以确定个体的身份。

人脸识别的一般过程如图 8-1 所示。

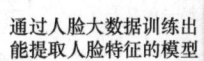

图 8-1 人脸识别的一般过程

需要注意的是，不同的人脸识别系统可能会在具体的步骤和算法上有所差异，但以上是一般人脸识别过程的主要步骤。

人脸识别安全问题

（1）隐私问题：人脸识别技术可能涉及个人隐私的收集、存储和使用，我们要加强对个人信息安全和隐私保护的关注。

（2）偏见和歧视：人脸识别技术在面部特征的提取和比对过程中可能存在性别、种族等偏见，导致歧视和不公平对待。

（3）监控与自由：人脸识别技术的应用通常需要在公共场所或私人领域中设置摄像头来捕捉人脸图像。这种广泛的监控措施可能引发个人对自由和隐私的担忧。

（4）误识别和错误：人脸识别技术并非百分之百准确，可能发生误识别和错误，给个人带来不便或利益损害。

人脸识别是一项具有广泛应用前景的技术，但其发展也伴随着一系列的安全问题。在推动技术应用的同时，需要权衡个人隐私保护、公共安全和社会公平等方面的问题，制定相应的法律法规，遵守安全准则，确保人脸识别技术的发展与安全相协调。

三、学习目标

1. 能够说出人脸识别的基本原理。
2. 能够对人脸识别就餐计费系统进行功能分析，完成程序逻辑梳理。
3. 能够通过程序逻辑流程图完成人脸识别就餐计费系统的程序设计。
4. 了解人脸识别技术带来的安全问题和挑战。

四、教学活动流程图

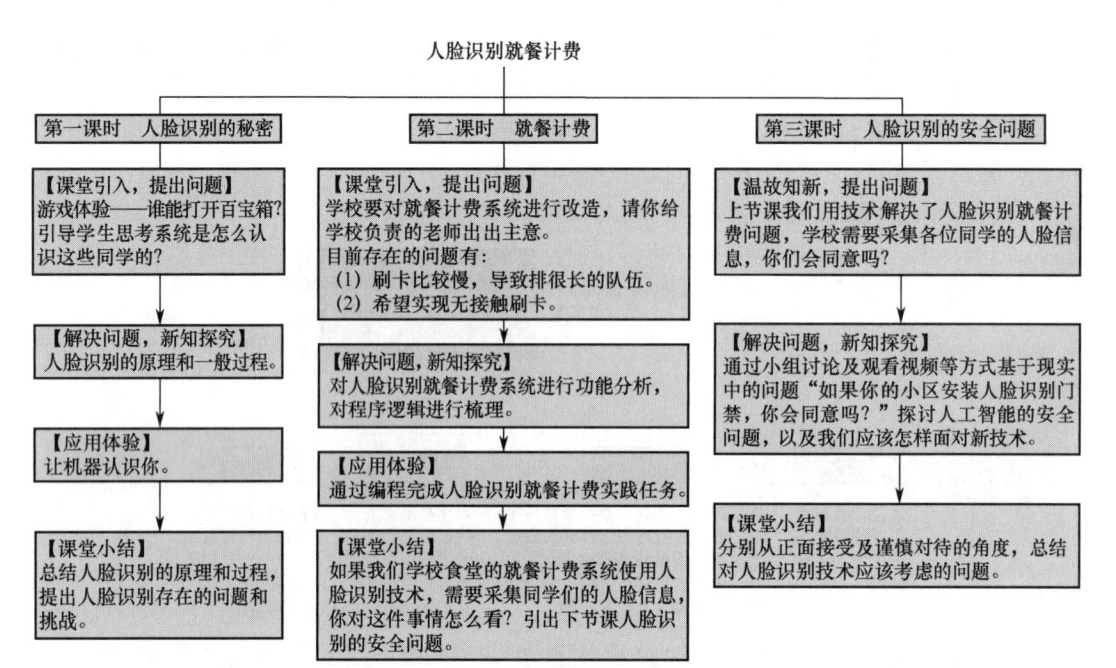

```
                          人脸识别就餐计费
        ┌─────────────────────┼─────────────────────┐
  第一课时 人脸识别的秘密    第二课时 就餐计费      第三课时 人脸识别的安全问题

【课堂引入，提出问题】      【课堂引入，提出问题】      【温故知新，提出问题】
游戏体验——谁能打开百宝箱？  学校要对就餐计费系统进行改造，  上节课我们用技术解决了人脸识别就餐
引导学生思考系统是怎么认    请你给学校负责的老师出出主意。  计费问题，学校需要采集各位同学的人
识这些同学的？              目前存在的问题有：              脸信息，你们会同意吗？
                            （1）刷卡比较慢，导致排很长的队伍。
                            （2）希望实现无接触刷卡。

【解决问题，新知探究】      【解决问题，新知探究】      【解决问题，新知探究】
人脸识别的原理和一般过程。  对人脸识别就餐计费系统进行功能  通过小组讨论及观看视频等方式基于现实
                            分析，对程序逻辑进行梳理。      中的问题"如果你的小区安装人脸识别门
                                                            禁，你会同意吗？"探讨人工智能的安全
【应用体验】                                                问题，以及我们应该怎样面对新技术。
让机器认识你。              【应用体验】
                            通过编程完成人脸识别就餐计费实践任务。  【课堂小结】
                                                            分别从正面接受及谨慎对待的角度，总结
【课堂小结】                【课堂小结】                    对人脸识别技术应该考虑的问题。
总结人脸识别的原理和过程，  如果我们学校食堂的就餐计费系统使用人
提出人脸识别存在的问题和    脸识别技术，需要采集同学们的人脸信息，
挑战。                      你对这件事情怎么看？引出下节课人脸识
                            别的安全问题。
```

五、学习活动详案

第一课时　人脸识别的秘密			
教学阶段	教师活动	学生活动	设计意图
课堂引入提出问题	游戏体验：谁能打开百宝箱？ 课前录入一位同学的人脸信息，存放在人脸识别数据库。打开 AI Box 软件，运行程序，邀请 3 位同学来教师电脑前打开百宝箱，结果只有其中一人，即录入过人脸信息的同学能够打开百宝箱。 打开 Kittenblock，引导两位同学进行测试，对于没有录入人脸信息的同学，系统会提示"我不认识你"；对于录入过人脸信息的同学，系统提示"恭喜你"。 提问：系统是怎么认识这些同学的？ 小结：刚才大家发现，只有这一位同学能够打开百宝箱，而其他同学不能，这是为什么呢？系统只能认出来这位同学，是因为在课前我已经把这位同学的人脸信息输入系统中了。 系统是怎么识别人脸的呢？我们来看看人脸识别的原理。	体验游戏并回答问题。	通过游戏引出人脸识别技术，激发学生的学习兴趣。
解决问题新知探究	1．猜一猜人脸识别的一般过程 引导学生把答案写在导学案上。 2．人脸识别过程分析 （1）人脸检测（找出图片上所有的人脸）	思考并回答问题。	让学生以排序的方式猜一猜人脸识别的过程，让其对人脸识别原理有感性认识。

(续表)

第一课时　人脸识别的秘密			
教学阶段	教师活动	学生活动	设计意图
解决问题新知探究	提问：这张图片里有赵老师吗？ 总结：我们通过人眼看到这张图片中有三个人，后面的背景是房间，系统也一样，也要在这张图片中快速地识别出人脸，然后再从这些人脸中找到赵老师的人像，这就是人脸检测，而找出所有人脸是人脸识别的第一步。 在人脸检测的过程中，通常还需要把人脸的重要特征点提取出来。 （2）人脸对齐（脸部的不同姿势） 同一个人在不同的图片中可能呈现出不同的姿态和表情，这种情况是不利于人脸识别的。所以有必要将人脸图片变换到标准的角度和姿态，这就是人脸对齐。 提问：左边这张图片上是老巫婆还是白雪公主呢？ 小结：倒过来是老巫婆，正过来是白雪公主。虽然这是比较极端的例子，但也说明了不同姿态对识别结果的影响，同样，赵老师的图片如果被摆正，识别起来难度就会低些。系统通过什么方法对齐人脸呢？其中有一种算法叫面部特征点估算，就是找到人脸上普遍存在的68个点，有了这68个点，就能轻松估算出眼睛和鼻子在哪里了，后续再将图片进行旋转和缩放，就可以把眼睛和嘴巴尽可能地靠近中心位置。	思考并回答问题。	先不公布答案，让学生对后面的原理学习有所期待。 培养学生归纳、类比的意识。

(续表)

教学阶段	教师活动	学生活动	设计意图
	第一课时　人脸识别的秘密		
解决问题新知探究	（3）人脸特征向量提取 　　人类可以通过眼睛大小、头发颜色这些直观的信息来分辨图片上的人，系统跟人类不一样，系统只能识别数字信息。因此，人脸识别系统会把对齐后的人脸转化为一系列数字，这个转化的过程叫作人脸特征向量提取。为什么要提取特征向量？提取哪些特征向量呢？在前几次课中，我们学习了系统是怎么认识这张图片的，系统看到的是图的灰度值矩阵，数据量非常大，所以有必要通过较少的信息来描述人脸。提取哪些特征向量呢？算法不同，提取的特征向量就不同。比如颜色特征，通过人眼周边的肤色来探测与定位人眼的位置，分割眼睛区域的图像；再比如，提取两个眼睛之间的灰度值关系、距离关系、对称关系等。这些就需要大量的人脸数据，借助深度神经网络来完成。 　　提问：我们有可能训练出这样的模型吗？ 　　小结：我们是训练不出人脸特征提取模型的，因为我们没有足够的人脸图片数据量，没有好的算法和算力。 三、人脸特征向量提取 输入对齐的人脸　→　特征向量提取器　→　提取到的人脸特征向量 提取人脸特征向量 1 为什么要提取特征向量？ 2 提取哪些特征向量？ （4）人脸匹配 　　提取人脸特征向量之后，需要判断这个特征向量属于谁，这需要去人脸数据库进行比对，实际上每个人脸识别系统都有自己的人脸数据库，包含了人脸特征向量和对应人物的信息。比如课前我给一位同学拍了照片，放在这个文件夹里，实际就是在建立人脸数据库。那么，怎么比对呢？	思考并回答问题。	提升学生的思维能力。

(续表)

教学阶段	第一课时　人脸识别的秘密		
	教师活动	学生活动	设计意图
解决问题新知探究	四、人脸匹配 *[图示：在Kittenblock实践平台采集人脸的方法；在AI Box实践平台采集人脸的方法；人脸数据库需要提前采集人脸信息、获取方式]* 　　提问：想一想，被识别图片的人脸特征向量必须和数据库中的人脸特征向量一模一样吗？ 　　小结：当然不是，为了方便理解，把人脸特征向量简化在一个二维平面直角坐标系里。人脸数据库中不同的特征向量可以分布在平面直角坐标系中不同的坐标点上。现在我们随机向计算机中输入一张图片，特征提取器提取特征向量后，发现它所在位置距离赵老师所在的点最近。 　　提问：这样就能判断图片上就是赵老师了吗？你觉得还需要加入什么条件，使判定更加准确？ 人脸匹配 需要参数一模一样，才能判断是赵老师吗？ *[图示：特征向量提取器→新的特征输入向量，与赵老师、周晓杰、王明等点比较，距离大于特定值，匹配失败；人脸数据库包含人脸特征向量1、2、3]* 注意：实际特征向量在多维空间里，为了理解方便，我们将其简化为二维空间。 　　小结：除了查找最近的点，还应该比较两个点之间的距离。如果两点之间的距离超过了某个特定的值，则匹配失败，系统判断图片上不是赵老师。 　　如果输入一张新照片，其特征向量与样本中赵老师的特征向量距离小于某个特定值，就可以判断这张图片上是赵老师，则匹配成功。	思考并回答问题。	提升学生的思维能力。

(续表)

教学阶段	教师活动	学生活动	设计意图
	第一课时 人脸识别的秘密		
解决问题新知探究	**人脸匹配** 只有参数一模一样，才能判断出是赵老师吗？ 周晓杰 赵老师 距离小于特定值 新的特征输入向量 王明 匹配成功 注意：实际特征向量在多维空间里，为了理解方便，我们将其简化为二维空间。 （5）总结 　　所以我们的答案是，首先进行人脸检测，找到人脸；然后进行人脸对齐；接着提取特征，把获得的特征向量在人脸数据库中进行比对，判断图片上的人到底是谁。		与前面的课堂活动"猜一猜人脸识别的一般过程"形成呼应，从而形成从思考、分析到总结的完整学习闭环。
应用体验	实践任务：让机器认识你。 要求：让机器识别出你的人脸，显示你的名字。 参考微课"AI Box 让机器认识我"或"基础任务-拓展任务提示-Mind+（或 Kittenblock）"，任选平台完成实践任务。	完成实践任务。	通过实践操作，让学生深入理解人脸识别的基本原理，为人脸识别就餐计费系统的设计做铺垫。
课堂小结	通过本节课的学习，我们知道，要进行人脸识别，必须提前录入人脸信息。人脸作为重要的生物特征，具有唯一性和稳定性，可用于身份认证和人脸识别。然而，人脸识别技术也面临着一些挑战和问题。其中之一是隐私问题，因为人脸信息的泄露可能导致个人隐私被侵犯。另外，随着光照、角度、有无遮挡等不确定因素的变化，人脸识别技术的识别准确性也存在一定的限制。因此，我们需要在技术应用中加强隐私保护措施，并不断改进算法和设备，提高人脸识别的准确性和稳定性。	思考并回答问题。	通过总结拓展学生的思维，引发学生进行深度思考。

(续表)

教学阶段	教师活动	学生活动	设计意图
	第二课时　就餐计费		
课堂引入提出问题	学校要改造用餐计费系统，请你给学校负责的老师出出主意。 目前存在的问题： （1）早餐时间排队刷卡比较慢，导致排很长的队伍。 （2）希望实现无接触刷卡。 总结：刚才咱们集思广益，提出了很多可行方案，这节课我们就选取其中一种方案，用人脸识别方法改造食堂用餐计费系统。 提问：请同学们简单讨论一下，人脸识别就餐计费系统大概需要实现哪些功能？	思考并回答问题。	从生活中的问题出发，引导学生利用AI思维解决生活中的问题，培养学生的信息意识。
解决问题新知探究	1. 人脸识别就餐计费功能分析 **人脸识别就餐计费系统人脸识别端功能分析** 用摄像头采集人脸数据 如果→识别出是A同学→执行→在A同学卡中扣5元，屏幕上显示A同学名字、扣款金额和余额。 如果→识别出是陌生人→执行→请注册、充值后再进入！ 三分钟内不重复检测 摄像头采集人脸数据后，如果识别出是A同学，则在A同学卡里扣5元，同时在屏幕上显示A同学名字、扣款金额、账户余额信息。如果识别出是陌生人，提示"请注册、充值后再进入！"为了避免重复扣款，保证程序三分钟内不重复检测。 引导学生观看Demo演示效果。 2. 程序逻辑梳理 **人脸识别就餐计费系统人脸识别端程序分析（以识别一个人为例）** 准备阶段：准备人脸数据库　照片：A同学　变量：_____ 识别阶段：摄像头采集人脸数据 如果：系统判断是A同学 　如果：A同学余额小于0，执行：_____ 　否则：执行：_____ 否则：请注册、充值后再进入！	思考并回答问题。 借助老师提供的程序逻辑框架图梳理程序逻辑，为程序编写做好准备。	从功能分析到程序逻辑梳理，最后进行程序设计，将复杂问题拆解，分步解决，培养学生的计算思维和数字化学习与创新能力。

（续表）

教学阶段	教师活动	学生活动	设计意图
	第二课时　就餐计费		
解决问题新知探究	实践活动：请你用自己的语言描述人脸识别就餐计费系统人脸识别端的程序分析（以识别一个人为例），把你的答案写在导学案上。 人脸识别就餐计费系统人脸识别端程序分析（以识别一个人为例） 准备阶段 准备人脸数据库 照片：A同学 变量yue：余额设置为50元 识别阶段 摄像头采集人脸数据 如果：系统判断是A同学 　如果：A同学余额小于0元，执行：余额不足请充值 　否则：执行：显示A同学请进，扣费10元，卡内余额为变量yue。变量更新为yue-10。 否则：请注册、充值后再进入！		引导学生进行功能分析，通过填空形式完成编程逻辑梳理。
应用体验	3．程序设计 任务一：基于提示的程序代码，用 AI Box 平台完成人脸识别扣费系统的设计。	思考并回答问题。 借助老师提供的提示程序代码，进行程序设计。	提供提示程序代码，降低编程难度，让学生把精力用在功能实现上。

(续表)

第二课时　就餐计费			
教学阶段	教师活动	学生活动	设计意图
应用体验	任务二：参考微课，用 Mind+ 或 Kittenblock 完成人脸识别就餐计费系统的设计。	学习微课。	学生根据自己的兴趣和偏好选择适合的编程平台，从而提高程序设计的积极性和自主性。同时，学生在选择过程中需要思考和权衡不同平台的优缺点，这也有助于培养他们的决策能力和批判性思维。
课堂小结	今天我们基本完成了人脸识别就餐计费的功能设计，如果真要实施，就需要采集各位同学的人脸信息，大家对这件事情怎么看？我们下节课讨论人脸识别的安全问题。	思考并回答问题。	引发学生对人脸识别安全问题的思考，为下节课的学习做铺垫。
第三课时　人脸识别的安全问题			
教学阶段	教师活动	学生活动	设计意图
温故知新提出问题	提问：上节课我们用技术实现了人脸识别就餐计费功能，学校需要采集各位同学的人脸信息，你们会同意吗？如果未来在生活中，某些平台或组织机构、商场、社区需要启用人脸识别设备采集你的人脸信息，你会怎样考虑这个问题？	思考并回答问题。	引发学生对人脸识别安全风险的思考。

(续表)

教学阶段	第三课时　人脸识别的安全问题			
^^	教师活动	学生活动	设计意图	
解决问题新知探究	实践活动1：观看视频《银行人脸识别系统被攻破，人脸识别真的安全吗》 小结：人脸识别的确存在一些安全风险，当银行或其他金融机构使用人脸识别系统作为身份验证工具时，用户的个人信息安全和资金安全变得极为重要。 提问：如果你的小区物业要加装人脸识别门禁，征求住户的意见，你会同意吗？说说你的思考。 某小区试图把人脸识别作为进入小区的唯一方法，你觉得合适吗？ 实践活动2：引导学生观看视频《"人脸识别"进小区，业主可以不"赏脸"》 小结：尽管人脸识别系统可能存在一些安全风险，但它仍然是一种有效的身份验证技术，可以在许多场景中提供高效和便捷的识别方式。在遇到不合理的人脸识别问题时，我们可以利用法律武器保护自己。对待新技术，我们要用谨慎和客观的态度评估其优缺点，及其带来的隐私问题和安全问题。 实践活动3：引导学生自主观看视频《人脸识别滥用需警惕》和《人脸识别安全吗》，继续完善导学案。 对于物业加装人脸识别门禁系统这个问题，我可能会做出下面的思考。 优势分析：人脸识别门禁系统对小区安全的提升。通过人脸识别技术可以有效地识别住户和其他外来人员，确保只有备案过的小区内住户才能进入小区，从而减少潜在的安全风险，保护住户的财产和人身安全。如果借助人脸识别门禁系统，能够更加方便、快捷地进出小区，可以避免使用传统门禁卡的烦琐，我可能更倾向于同意加装人脸识别门禁系统。 劣势分析和处理方案：人脸识别技术可能带来个人隐私风险和误识别等问题。我希望物业公司能够确保个人信息的安全，遵守相关法律法规，并明确告知住户数据的使用及其保护措施。选择经过验证和信誉良好的供应商，确保其人脸识别系统符合相关的安全标准和法规要求。了解供应商的数据保护措施和安全性能，确保个人信息得到妥	讨论、思考并回答问题。	通过问题，引发学生思考人工智能带来的安全问题与挑战，增强自我判断意识和责任感。	

(续表)

教学阶段	教师活动	学生活动	设计意图
解决问题新知探究	第三课时　人脸识别的安全问题 善保护。同时与供应商沟通，了解他们如何处理个人信息，包括数据的存储、共享和删除等。如果可能，提供住户自主控制个人信息的选项，比如住户可以随时删除或修改自己的面部信息。		培养学生的安全意识。
课堂小结	本项目我们从学校的人脸识别就餐计费问题出发，探讨了人脸识别技术的原理、实现过程和安全风险。人脸识别技术作为一种前沿的人工智能技术，具有广阔的应用前景和潜力。我们应该以开放的态度，积极探索和应用这一技术，使其为我们的生活带来更多的便利。然而，我们也要保持谨慎态度，不盲目追求技术的便利性而忽视隐私问题和安全风险。只有在合理规范和有效保护的前提下，人脸识别技术才能真正为我们的社会和生活带来积极的影响。如果学校食堂改造，要实现人脸识别就餐计费，你是否会同意？相信你已经有了自己的答案。	思考并总结。	对课题进行延展，引发学生继续探索和思考。

六、导学案

人脸识别就餐计费

1. 你的猜想为：_____

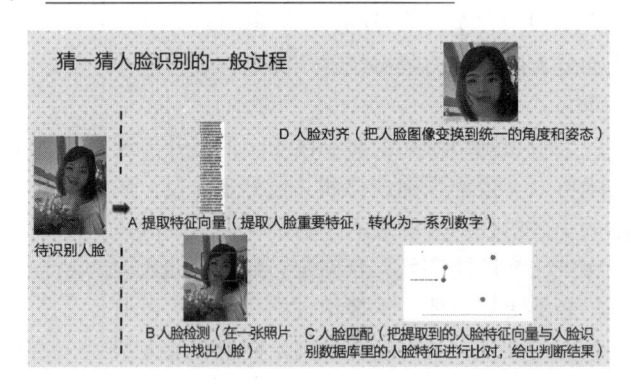

2. 请你用自己的语言描述人脸识别就餐计费系统人脸识别端的程序分析（以识别一个人为例）。

3. 请你根据功能分析填空。

准备阶段

准备人脸识别数据库
照片：A同学
变量：＿＿＿＿＿

识别阶段

用摄像头采集人脸数据
如果：系统判断是A同学
　　如果：A同学余额小于0元，执行：＿＿＿
　　否则：执行：＿＿＿＿＿＿＿＿＿
否则：请注册、充值后再进入！

4. 如果你的小区物业要加装人脸识别门禁系统，正在征求住户的意见，你会同意吗？请从优势和劣势两个方面分别进行分析。

优势：

劣势：

结论：

七、学习效果评估表

1. 学习态度评价

评价标准	出色完成	完成较好	完成一般	完成不好
分值	5	4	3	2

	评价内容	自评	互评
学习常规	（1）积极思考，完成课堂实践活动。		
	（2）认真倾听老师讲课，积极回答问题。		
	（3）认真倾听同学发言，主动找出与自己观点的异同之处，发表自己的观点。		
合作交流	（4）主动与同学交流，采纳他人好的建议，发表自己的观点。		
	总分		

2. 知识性评价

学习目标	新手	学徒	熟练	出色	完美	自评	师评
能够说出人脸识别的基本原理。	不能说出人脸识别的基本原理。	需要较多帮助才能说出人脸识别的基本原理。	在较少帮助或提示下，可以说出人脸识别的基本原理。	能说出人脸识别的基本原理。	能够主动拓展到其他同类问题的分析。		
能够对人脸识别就餐计费系统进行功能分析，完成程序逻辑梳理。	不能对人脸识别就餐计费系统进行功能分析。	需要较多帮助才能对人脸识别就餐计费系统进行功能分析，不能完成程序逻辑梳理。	在较少帮助或提示下，可以对人脸识别就餐计费系统进行功能分析，完成程序逻辑梳理。	能够对人脸识别就餐计费系统进行功能分析，完成程序逻辑梳理。	能够主动拓展到其他同类问题的分析。		
能够通过程序逻辑流程图完成人脸识别就餐计费系统的程序设计。	不能完成人脸识别就餐计费系统的程序设计。	需要较多帮助才能完成人脸识别就餐计费系统的程序设计。	在较少帮助或提示下，通过程序逻辑流程图完成人脸识别就餐计费系统的程序设计。	能够通过程序逻辑流程图完成人脸识别就餐计费系统的程序设计。	能够主动拓展到其他同类问题的分析。		
了解人脸识别技术带来的安全挑战。	不能理解人脸识别技术带来的安全挑战。	需要较多帮助才能理解人脸识别技术带来的安全挑战。	在较少帮助或提示下，可以理解人脸识别技术带来的安全挑战。	能够说出人脸识别技术带来的安全挑战。	能够借鉴人脸识别安全挑战的分析方法分析同类问题。		

八、总结

  本项目的学习内容按照人脸识别原理解密、实践探究、安全问题讨论的顺序展开，通过真实的场景和问题，引发学生对人脸识别技术的思考、体验和应用。在原理解密阶段，通过"打开百宝箱"等游戏体验人脸识别技术的应用，激发学生的学习兴趣。在实践探究阶段，学生可以选择适合自己的平台，通过功能分析、程序设计进一步探索人脸识别技术的应用，培养学生的计算思维和创新能力。在安全问题讨论阶段，学生能够深入探讨人脸识别技术在社会和个人层面所带来的安全问题。教师可以适当增加话题的广度和深度，通过播放视频素材，组织讨论或辩论活动，引导学生探讨个人隐私保护、安全风险和权益保护等话题，对人脸识别技术深入理解和评估，培养学生的批判性思维和判断力。

项目九　AI 预测 2 型糖尿病患病风险及干预措施研究

一、项目概述

人工智能辅助预测是指通过人工智能技术来辅助进行预测分析。人工智能可以通过学习和分析大量的数据，发现数据中的模式和规律，并根据这些规律来进行预测。人工智能辅助预测的优势在于可以处理大量的数据，并能够发现其中的隐藏规律。相比传统的统计方法，使用人工智能技术可以更准确地进行预测，并能够实时根据最新的数据进行调整。

本项目主要引导学生关注糖尿病，了解患病的危害，利用数据预测 2 型糖尿病患病风险并提出干预措施，引发学生对自身健康的关注，思考人工智能在医疗领域的应用。在用于预测的算法中，着重介绍决策树算法。决策树是通过精确的计算来制定决策规则的一种强大算法。它的特点在于能够为决策过程提供明确的规则，使预测结果具有很高的可靠性。通过人工智能实践平台 AI Box 创建糖尿病患病预测模型，预测患病风险，根据预测结果调整生活方式。

通过项目的学习，学生能够发现决策树算法的优势，并通过收集数据和创建决策树模型来实现个人糖尿病风险预测和健康规划。引发学生对糖尿病和健康的关注，并增强学生运用人工智能技术关注和管理身体健康的意识。

二、基本概念梳理

本项目涉及决策树及其他重要的相关概念。

决策树算法是一种常见的传统机器学习算法，用于解决分类和回归问题。它通过构建一个树状结构来表示决策规则，并根据输入数据的特征逐步进行判断，最终得出预测结果。

传统机器学习具有可解释性强、模型训练速度快、需要数据量较少的特点。相比传统机器学习，深度学习在图像识别、语音识别、自然语言处理等领域表现出更强大的性能。深度学习能够自动学习更复杂的特征表示，并且可以处理大规模的数据集。它在许多领域取得了突破性的成果，如图像分类、语音识别、自动驾驶等。因此，在算法选择上，需要根据具体任务、数据规模和性能需求等因素来综合考虑。对于小数据集和可解释性要求较高的问题，传统机器学习算法可能更适合；而对于大规模数据和复杂任务，深度学习算法可能表现得更优秀。此外，也可以将传统机器学习算法和深度学习算法相结合，构建更强大的模型来解决具体问题。

三、学习目标

1. 了解人工智能在预测糖尿病患病风险方面的应用，认识数据的重要性，了解如何收集数据和利用数据进行预测。
2. 能够构建简单的决策树，理解决策树的基本概念和原理。
3. 能够生成糖尿病患病预测决策树模型，并利用模型进行健康规划分析。
4. 了解使用人工智能技术处理预测问题的方法。

四、教学活动流程图

人工智能预测2型糖尿病患病风险及干预措施研究

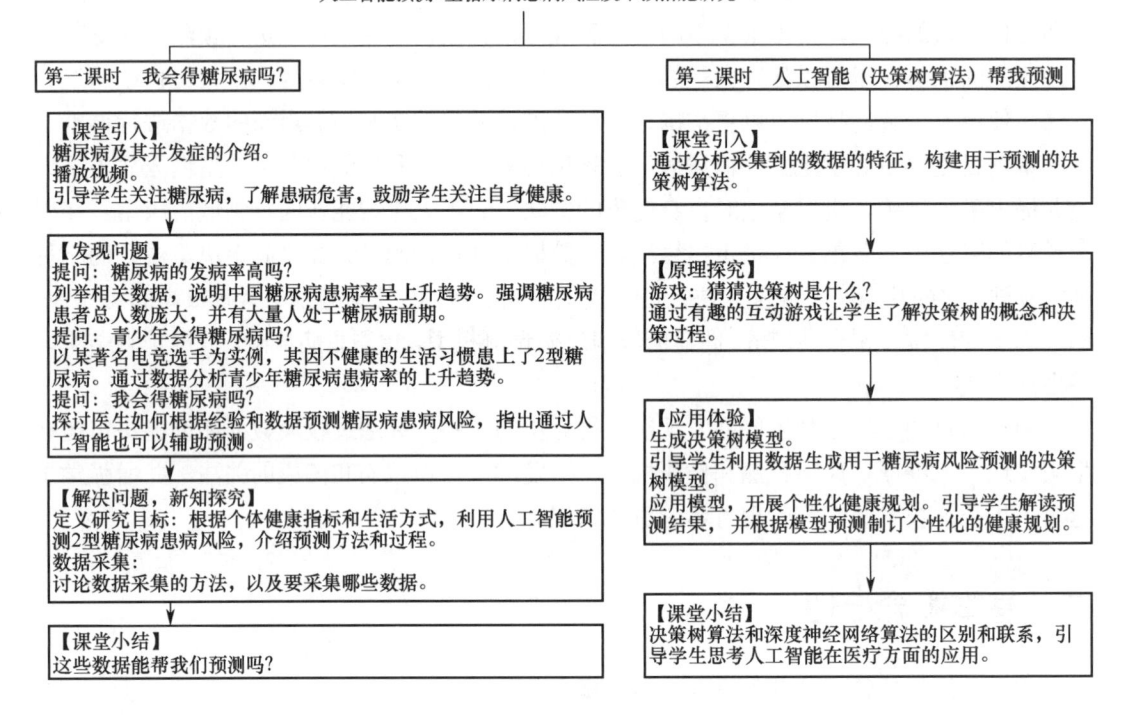

第一课时　我会得糖尿病吗？

【课堂引入】
糖尿病及其并发症的介绍。
播放视频。
引导学生关注糖尿病，了解患病危害，鼓励学生关注自身健康。

【发现问题】
提问：糖尿病的发病率高吗？
列举相关数据，说明中国糖尿病患病率呈上升趋势。强调糖尿病患者总人数庞大，并有大量人处于糖尿病前期。
提问：青少年会得糖尿病吗？
以某著名电竞选手为实例，其因不健康的生活习惯患上了2型糖尿病。通过数据分析青少年糖尿病患病率的上升趋势。
提问：我会得糖尿病吗？
探讨医生如何根据经验和数据预测糖尿病患病风险，指出通过人工智能也可以辅助预测。

【解决问题，新知探究】
定义研究目标：根据个体健康指标和生活方式，利用人工智能预测2型糖尿病患病风险，介绍预测方法和过程。
数据采集：
讨论数据采集的方法，以及要采集哪些数据。

【课堂小结】
这些数据能帮我们预测吗？

第二课时　人工智能（决策树算法）帮我预测

【课堂引入】
通过分析采集到的数据的特征，构建用于预测的决策树算法。

【原理探究】
游戏：猜猜决策树是什么？
通过有趣的互动游戏让学生了解决策树的概念和决策过程。

【应用体验】
生成决策树模型。
引导学生利用数据生成用于糖尿病风险预测的决策树模型。
应用模型，开展个性化健康规划。引导学生解读预测结果，并根据模型预测制订个性化的健康规划。

【课堂小结】
决策树算法和深度神经网络算法的区别和联系，引导学生思考人工智能在医疗方面的应用。

五、学习活动详案

第一课时　我会得糖尿病吗？			
教学阶段	教师活动	学生活动	设计意图
课堂引入	播放视频《央视新闻：危害仅次于癌症！糖尿病的并发症到底都有哪些？》引导学生关注糖尿病，了解糖尿病的危害，关注自己的身体健康。	思考并回答问题。	引发学生共鸣，激发学生的学习兴趣。

(续表)

第一课时　我会得糖尿病吗？			
教学阶段	教师活动	学生活动	设计意图
发现问题	提问：中国糖尿病患病率高吗？ 引导学生读图，让学生发现中国糖尿病患病率呈现上升趋势。 数据来源于论文《中国糖尿病的流行病学现状及展望》作者：廖涌（武警重庆总队医院内分泌科） 	年份	糖尿病患病率（%）
---	---
1980	0.67
1994	2.28
1996	3.62
2002	4.5
2010	9.65
2019	11.6 | 中国糖尿病流行情况数据 中国糖尿病流行情况数据折线图 小结：根据2020年我国第六次糖尿病流行病学调查，中国内地糖尿病患者总人数约为1.298亿，约5亿人正处在糖尿病前期，意味着我们身边2个成年人中就有1个是潜在的糖尿病患者。 提问：青少年会得糖尿病吗？ 引导学生观看中国某著名电竞选手在个人社交媒体宣布退役的消息。他在个人社交媒体中表示，自己工作压力很大，加上饮食不规律、熬夜这些不良的生活习惯，患上了2型糖尿病，被迫停止比赛，宣布退役了。退役时，他刚刚20岁。但是现在看他的个人社交媒体，每日的健身和科学饮食让他的健康状态又开始变得好起来。 提问：请同学们再看一组数据，你发现了什么？ 数据来源于论文《2002—2012年中国7~17岁儿童青少年糖尿病患病现状及变化》作者：迟学彭等人，中国疾病预防控制中心营养与健康所。 | 年份	患病率（%）
---	---
2002	0.24
2012	0.52 | 2002、2012年中国7~17岁儿童青少年DM患病率比较（DM是糖尿病的英文简称） 小结：儿童青少年糖尿病患病率十年翻了一倍，数量不多，但是呈上升趋势。 提问：你认为自己会得糖尿病吗？ 赵老师：我在怀孕期间得了妊娠期糖尿病，当时大夫让我控制血糖，我每次吃完饭后要去走二十分钟的路，目的是把血糖降下来，同时餐后一小时扎手指监测血糖。生完孩子后，血糖恢复正常了，但是我记得在产后复查时，医生对我说："以后也要注意饮食和生活习惯，得糖尿病	思考并回答问题。	教师通过展示真实的数据，引导学生读懂数据，通过数据发现趋势和问题，从而引导学生关注糖尿病的低龄化问题，关注自身健康。 引出本项目问题：人工智能辅助预测，引发学生的好奇心。

(续表)

	第一课时 我会得糖尿病吗？		
教学阶段	教师活动	学生活动	设计意图
发现问题	是早晚的事儿，注意得好，晚点得病，注意得不好就早点得病。"我问为什么，她说："看过的孕妇多了，怀孕期间得妊娠期糖尿病的最后基本都得了糖尿病。" 提问：医生是靠什么判断的呢？ 小结：医生靠的是经验，经验实际也是数据，计算机最善于处理数据，人工智能能根据数据进行预测吗？		
解决问题新知探究	1．人工智能怎样实现预测？ 目标梳理：人工智能根据我的身体指标和生活习惯等因素预测我是否有患 2 型糖尿病的风险，如果它告诉我不会得糖尿病，我就会暗自高兴，同时保持自己良好的生活习惯。如果它告诉我会得糖尿病，我就要改变生活方式，进行干预。 目标：人工智能预测2型糖尿病患病风险 预测结果 —— 不会 → 继续保持健康的生活习惯 　　　　 —— 会 → 干预（调整生活方式） 提问：人工智能怎样预测呢？你能根据之前学过的知识猜测一下吗？ 目标：人工智能预测2型糖尿病患病风险 糖尿病患者和未患病者的生活和饮食习惯等数据 　　　　　　↓训练 A同学的生活和饮食数据 →输入→ 预测模型 →预测→ 不会 → 继续保持健康的生活习惯 　　　　　　　　　　　　　　　　　　　　　　会 　　　　　　　　　　　　　　　　　　　　　↑ 　　　　　　　　　　　　　　　干预（调整生活方式） 总结：第一步，采集糖尿病患者和未患病者的基础信息、生活习惯和饮食习惯等数据；第二步，创建模型，训练模型；第三步，利用训练好的模型，输入个人的相关数据后，预测患病风险。 所以我们要解决的第一个问题是：数据从哪儿来？ 2．数据的采集 实践活动：通过上网调查和小组讨论获得研究结论。 （1）通过什么方法采集数据？	思考并回答问题。 根据教师的引导，以小组为单位进行思考和讨论。	引导学生明确目标，通过对目标进行梳理，将复杂任务拆分成简单任务，分步骤解决，培养学生的计算思维能力。

(续表)

第一课时　我会得糖尿病吗？				
教学阶段	教师活动	学生活动	设计意图
解决问题新知探究	（2）采集谁的数据？ （3）采集哪些数据？患糖尿病与哪些因素有关呢？ 活动小结：人工智能社团成员使用问卷星采集同学们的爷爷、奶奶、姥姥、姥爷年轻时的生活和饮食习惯数据。 对数据进行清洗和结构化处理后，得到了用于预测的数据集。 实践活动：请你根据刚才小组讨论的结果，选取可以利用的数据，组建你的个人数据集。	组建个人数据集。	继续强化学生通过AI解决问题的思维，通过让小组讨论如何采集数据，以及采集哪些数据，引导学生理解数据在人工智能中的重要作用。
课堂小结	这些数据能够帮我们预测吗？下节课我们来学习可以用于预测的算法——决策树算法。	思考并回答问题。	引发学生的深度思考，为下节课埋下伏笔。

第二课时　人工智能（决策树算法）帮我预测				
教学阶段	教师活动	学生活动	设计意图
温故知新提出问题	上节课我们参考人工智能社团的数据，组建了自己的数据集，这些数据有什么特点呢？特点是数据量小，数据特征明确，任务类型是二分类任务。同时我们找到了预测的方法，即创建模型、训练数据、利用训练好的模型进行预测，我们要用什么算法创建模型呢？根据任务类型和数据特点，我们找到了一个决策树算法。	思考并回答问题。	温故知新，引发思考。
原理探究	1. 决策树的基本概念 说到树，我们能够想到的是下图。 叶 树枝 树干 根	思考并回答问题。	通过将决策树和树类比，学生更容易理解决策树。

(续表)

第二课时 人工智能（决策树算法）帮我预测			
教学阶段	教师活动	学生活动	设计意图

原理探究	如果把它倒过来，就成为决策树算法的原型，我们以使用决策树解决小明是否去踢球的问题为例，了解决策树由哪些部分组成。
	
	决定是否去踢球的决策树
	
	（决策树图：天气晴朗？→根节点（特征）；否→不去踢球（叶节点/决策结果）；是→是否刮风？→内部节点（特征）；否→去踢球；是→不去踢球（叶节点/决策结果））
	
	小明是否去踢球，取决于两个关键特征：天气是否晴朗、是否刮风。如果不是晴天，小明就不去踢球；如果是晴天，小明要看看是不是刮风，如果不刮风就去踢球，刮风就不去。第一个特征是天气晴朗，我们把它叫作根节点，根节点很厉害，能迅速让小明做出最终决策，即不晴朗就不去踢球。是否刮风这些特征叫作内部节点，叶节点是决策的结果。
	2. 游戏体验：画决策树
	为了更好地了解决策树，学生两人为一组做游戏。
	游戏名：猜猜它是谁？
	游戏道具：
	每组有两种卡片，分别为动物特征卡片和动物卡片。一张白纸，用于画决策树。
	动物特征卡片：
	  1. 有腿
	  2. 有尾巴
	  3. 猫科动物
	  4. 有斑点
	  5. 会筑巢
	  6. 喜欢捕猎
	  7. 会飞
	  8. 有毛
	  9. 有爪子
	动物卡片：
	  1. 猫
		思考并回答问题。
		
		根据游戏规则，两名学生一组，画决策树，为了快速且准确分类，思考该如何选择根节点和内部节点，总结相关策略。
			通过游戏，引导学生理解决策树的原理，理解决策树中根节点、内部节点、叶节点的重要作用，对如何选择决策树根节点和内部节点有一个感性的认识。

（续表）

教学阶段	教师活动	学生活动	设计意图
第二课时　人工智能（决策树算法）帮我预测			
原理探究	2. 狗 3. 蛇 4. 鸟 5. 老虎 游戏规则： 　　两名学生一组，1名"提示者"和1名"猜动物者"。"提示者"心里选择一个目标动物（如小猫），不告诉"猜动物者"。"猜动物者"选择特征卡片，向"提示者"提出问题，构建决策树。问题示例："它有腿吗？""你心里想的动物是小猫吗？"即由"猜动物者"决定哪个特征作为根节点，哪个特征作为内部节点。"提示者"在整个过程中只需要回答"是"或"否"。 　　游戏目标：构造完整的决策树，用最快速度找到目标动物。 　　提问：为了快速且准确分类，该如何选择根节点和内部节点？你得出了哪些策略？ 　　游戏和提问小结： 　　选择能够更快地找到分类结果的特征，作为根节点和内部节点。这样我们就可以快速确定分类结果。		
应用体验	在游戏中，我们可能凭直觉或经验选择根节点和内部节点，但这种方式比较主观，也不一定是最优的。而在人工智能中，决策树算法会通过计算来选择最佳的特征作为根节点和内部节点，以达到快速分类的目的。具体的计算方式比较复杂，不做过多解释，有兴趣的同学可以上网搜索，下面我们直接生成一个决策树。 　　项目实践：通过人工智能生成2型糖尿病患病概率预测决策树模型。 　　引导学生学习微课"决策树模型训练"，借助AI Box平台，利用训练集，创建决策树模型，测试模型。 　　利用模型进行分析，完成自己的健康规划，写在导学案上。	学习微课，训练决策树模型，完成自己的健康规划方案设计。	通过实践活动，利用决策树算法解决2型糖尿病的患病概率预测问题，初步了解人工智能处理预测问题的实现方式。 　　引导学生了解：人工智能的预测结果只能作为参考或依据，最终的决策权仍然掌握在自己手中。

(续表)

教学阶段	教师活动	学生活动	设计意图
\multicolumn{4}{	c	}{第二课时　人工智能（决策树算法）帮我预测}
课堂小结	通过本项目的学习，我们发现，人工智能可以帮助我们进行预测。当我们给计算机提供数据时，可以根据问题的需求选择适当的算法，在之前的项目中，我们学习了人工神经网络算法。虽然它使用的是基于概率的模型，能揭示输入和输出之间的关系，但它并不能准确地解释网络内部的具体决策过程和特征提取过程，这可能导致预测结果具有一定的不确定性。而决策树是一种经典的机器学习算法，在决策树的每个节点，数据会根据某个特征属性被划分，然后根据特定的规则，数据被分配到不同的子节点，直到达到叶节点并得出最终的决策结果。这种算法的特点是更具有确定性。因此，可以说人工神经网络在预测时具有一定的不确定性，而决策树能提供较为确切的答案。在实际应用中，根据任务的特点和数据的性质，我们可以选择合适的算法来得到更好的预测结果。 　　拓展思考：通过上网查资料等方式，总结人工智能可以应用于医疗的哪些领域，取得了哪些成效。	思考并总结。	引导学生理解不同算法适用不同问题，引发学生的深度思考。

六、导学案

我的健康规划

我的预测结果为：有患病风险 　　我愿意从以下方面开始改变：BMI、工作压力、锻炼频率、吸烟频率、喝酒频率、喝茶频率、每周喝含糖饮料频率、每周熬夜次数、按时吃饭、饮食口味。 　　重新测试结果为： 　　我的未来生活规划为：	我的预测结果为：无患病风险。 　　我认为我的以下生活习惯值得坚持： 　　未来我希望增加一些好的生活习惯，保持更健康的身体状态。

七、学习效果评估表

1. 学习态度评价

评价标准	出色完成	完成较好	完成一般	完成不好
分值	5	4	3	2

	评价内容	自评	互评
学习常规	（1）积极思考，完成课堂实践活动。		
	（2）认真倾听老师讲课，积极回答问题。		
	（3）认真倾听同学发言，主动找出与自己观点的异同之处，发表自己的观点。		
合作交流	（4）主动与同学交流，采纳他人好的建议，发表自己的观点。		
总分			

2. 知识性评价

学习目标	新手	学徒	熟练	出色	完美	自评	师评
了解人工智能在预测糖尿病患病风险方面的应用，认识数据的重要性，了解如何采集数据和利用数据进行预测。	不能理解人工智能在预测糖尿病患病风险方面的应用。	需要较多帮助才能理解人工智能在预测糖尿病患病风险方面的应用，能够简单理解数据的重要性，了解如何采集数据和利用数据进行预测。	在较少帮助或提示下，可以理解人工智能在预测糖尿病患病风险方面的应用，知道数据的重要性，了解如何采集数据和利用数据进行预测。	能够理解人工智能在预测糖尿病患病风险方面的应用，认识数据的重要性及完成数据采集并利用数据进行预测。	能够主动拓展到其他同类问题的解决。		
理解决策树的基本概念和原理。	不能理解决策树的基本概念和原理。	需要较多帮助才能简单理解决策树的基本概念和原理。	在较少帮助或提示下，可以简单理解决策树的基本概念和原理。	能够理解决策树的基本概念和原理。	能够利用决策树解决同类问题。		

(续表)

学习目标	新手	学徒	熟练	出色	完美	自评	师评
生成2型糖尿病患病率预测决策树模型，并利用模型进行健康规划分析。	不能生成2型糖尿病患病率预测决策树模型。	需要较多帮助才能生成2型糖尿病患病率预测决策树模型。	在较少帮助或提示下，即可生成2型糖尿病患病率预测决策树模型，并利用模型进行健康规划分析。	生成2型糖尿病患病率预测决策树模型，并利用模型进行健康规划分析。	能够主动拓展到其他同类问题的分析。		
理解使用人工智能处理预测问题的方法。	不能理解使用人工智能处理预测问题的方法。	需要较多帮助才能理解使用人工智能处理预测问题的方法。	在较少帮助或提示下，可以理解使用人工智能处理预测问题的方法。	理解使用人工智能处理预测问题的方法。	能够拓展解决其他同类问题。		

八、总结

通过使用人工智能对2型糖尿病患病率进行预测，引导学生理解数据和算法在人工智能中的重要作用，在采集数据的环节，如果条件允许，教师可以引导学生自主设计问卷内容、发放问卷，对问卷数据进行清洗和结构化处理，体会数据采集、清洗和预处理的过程。

在医疗领域，人工智能具有广泛的应用，例如，医生进行疾病的早期诊断和预测，人工智能能助其提高诊断准确率。通过大数据分析和机器学习算法，人工智能可以识别医学影像中的异常模式，辅助医生发现病变和疾病风险。此外，人工智能还可以根据患者的个体特征和病情数据，辅助医生为患者定制个性化治疗方案，从而提高治疗效果和降低不良反应的风险。

在营养健康领域，人工智能可以根据用户的饮食习惯、身体指标和健康目标，为用户量身定制营养计划，提供个性化的健康建议。通过分析大量的饮食数据和营养知识，人工智能可以帮助用户更科学地搭配饮食，保持饮食均衡和身体健康。

然而，人工智能在医疗、营养健康领域的应用也面临着一些挑战。其中包括数据隐私和安全问题，如何保护用户的个人数据不被滥用或泄露是一个重要的问题。另外，算法的可解释性也是一个挑战，特别是在医疗诊断等方面，如果算法的决策无法被解释和理解，可能会降低人们对人工智能的信任和接受度。教师也可以针对以上角度，引导学生思考：如何合理利用人工智能，在充满新科技的智慧生活中如何保护个人隐私。

项目十　生成式人工智能与智慧生活

一、项目概述

生成式人工智能发展迅速，目前获得了社会各界的广泛关注，成为推动科技进步和社会转型的重要力量。学生作为未来社会的创造者和决策者，应该深入了解人工智能与生活的关系，并主动运用人工智能开展智慧生活，推动科技创新和社会发展。

本项目主要介绍生成式人工智能的基本概念、目前进展和应用领域，引导学生全面了解这一前沿技术，并认识到其在内容创作、对话交流等方面的重要作用。

随着人工智能的快速发展，相关的监管与管理也成为亟待解决的问题，引导学生树立负责地使用人工智能的意识。

在实践活动中，学生亲身体验生成式人工智能在绘画和文本生成方面的功能，理解其潜力和局限性，思考人工智能的未来发展趋势。探讨人工智能在日常生活和学习中的应用，探索智慧生活的可能性，为未来社会的数字化发展和创新做好准备。

二、学习目标

1. 能够说出生成式人工智能的基本概念和基本功能。
2. 了解如何向生成式人工智能提问，培养数字化学习与创新能力。
3. 了解各国在生成式人工智能方面的法律法规，明白在提供生成式人工智能产品或服务时应遵守法律法规的要求，遵守社会公德、公序良俗。

三、学习活动详案

第一课时　生成式人工智能与智慧生活			
教学阶段	教师活动	学生活动	设计意图
课堂引入提出问题	班级图灵测试 1. 播放视频《图灵测试》。 提问：图灵测试的标准是什么？ 小结：超过30%的测试者误认为系统是真人，就说明测试成功，即系统通过了图灵测试。 2. 出示三篇描写秋天银杏叶的文章，提问：你能区分哪篇是AI作文（使用人工智能工具写的作文）、哪篇是	在教师的引导下做班级图灵测试。分析AI作文、学生作文、网络范文的区别。	通过班级图灵测试活动，激发学生对大语言模型的兴趣，通过对文章的对比分析，引导学

(续表)

第一课时　生成式人工智能与智慧生活			
教学阶段	教师活动	学生活动	设计意图
课堂引入提出问题	学生作文、哪篇是网络范文吗？ 　　学生投票或举手表决，教师统计得票数并总结人工智能是否通过班级图灵测试。 　　小结：虽然人工智能通过了班级图灵测试，但是我们还是能发现人工智能写的这篇作文没有感情、缺乏个性、缺少童真童趣；网络范文使用了大量拟人化的修辞手法，学生作文中对银杏果的描写很细致、有个性，同时有银杏果掉在地上后关于嗅觉的描写。 　　3．展示主题为"我的爸爸"的两篇文章。提问：请你再次判断，哪篇是学生写的，哪篇是使用 AI（人工智能）写的？同时说明理由。		生思考人工智能创作和人类写作的区别，加深学生对人工智能创作能力和局限性的认识。
解决问题新知探究	1．体验 AI 自然语言的处理能力 　　提问：AI 文章是怎么生成的呢？ 　　小结：目前国内有百度公司的"文心一言"，科大讯飞公司的"讯飞星火"，国外有 OpenAI 公司研发的 ChatGPT，它们都是人工智能技术驱动的自然语言处理工具，被称为"大语言模型"。它们能够通过理解和学习人类的语言进行对话，还能根据聊天的上下文进行互动，真正像人类一样聊天、交流，甚至能撰写邮件、视频脚本、文案、翻译、编写代码等。 　　播放"文心一言"或"讯飞星火"相关宣传片，引导学生了解大语言模型的基本功能。 　　通过向大语言模型提问，展示大语言模型的语言处理能力，如"写一段具有李清照风格的代码""如何鉴定真爱"等。 　　2．体验 AI 的绘画能力 　　展示两张截图并对比，将 2023 年 7 月 AI 生成的绘画作品与其 2023 年 1 月生成的作品比较，发现其绘画作品的准确度确实提高了。	根据教师提供的材料，从各个角度思考人工智能与社会的关系，体会如何用大语言模型解决问题。	从"是什么"到"能做什么"，再到"怎么做"的逻辑顺序，全方位地介绍目前生成式人工智能的发展，让学生全面了解生成式人工智能，并从不同角度思考其影响和发展前景，培养学生的批判性思维和实践能力，同时引发其对未来科技和人工智能发展的思考和兴趣。

项目十　生成式人工智能与智慧生活

(续表)

教学阶段	教师活动	学生活动	设计意图
解决问题新知探究	提问：2023年1月，猜猜AI帮我画了什么？ 小结：同学们猜得没错，我的提示语是：请帮我画鱼香肉丝。可见当时的AI绘画只能理解文字表面意思。 　　2023年7月，AI再次绘制作品"鱼香肉丝"，可见其准确度提高了不少。 3．生成式人工智能的定义 　　生成式人工智能是指基于算法、模型、规则生成文本、图片、声音、视频、代码等内容的技术，提供生成式人工智能产品或服务应当遵守法律法规的要求，遵守社会公德、公序良俗。 4．怎样向大语言模型提问？ 　　第一步：定义任务目标。在对AI发出指令前，想清楚自己到底需要AI做什么。 　　第二步：对AI发指令。这个指令不是复杂的代码，我们可以把它当作朋友，与其聊天，把意思表达清楚即可。指令需要尽可能清晰，下面是供参考的指令模板。 　　参考任务指令 = 背景信息 + 任务目标 + 输出要求 　　以为学校运动会设计队列口号为例：	总结向大语言模型提问的方法。	提升学生的归纳与总结能力。

· 103 ·

(续表)

教学阶段	第一课时 生成式人工智能与智慧生活			
^	教师活动	学生活动	设计意图	

教学阶段	教师活动	学生活动	设计意图
解决问题新知探究	[示例图片：包含"背景信息、任务目标、输出要求"的提问示例，以及"一班一班，青春飞扬，奋斗不息，创造辉煌！"的生成结果] 以制订北京旅游计划为例进行提问演示： [示例图片：参考任务指令=背景信息+任务目标+输出要求。问题：我来北京旅游，交通工具是地铁和出租车，要去故宫附近、颐和园和环球影城，（背景信息）帮我生成一份3天的北京旅游计划（任务目标），用表格输出，说明具体的行程及乘坐的交通工具。（输出要求）] 实践活动：请你针对近期生活中或学习中关心的问题，按照上面任务指令提示，向"文心一言"或"讯飞星火"大语言模型提问。 5. 生成式人工智能的相关法律法规 2023年7月13日，国家网信办等七部门联合公布《生成式人工智能服务管理暂行办法》，强调采取有效措施鼓励生成式人工智能创新发展，明确了提供和使用生成式人工智能服务总体要求。同时提到了生成式人工智能的服务提供者应当采取有效措施防范未成年用户过度依赖或者沉迷于生成式人工智能服务。 2023年4月，一则题为"ChatGPT和先进的人工智能在欧洲将面临新的监管"的消息出现了，可见欧盟也在积极推进生成式人工智能的立法速度，以保证它向更加安全、更加健康的方向发展。 6. 人形机器人的最新进展 播放视频《艾米卡》，引导学生体会目前人形机器人的最新进展，了解机器人在与人交流过程中能够具有和人一样的表情，体现出人的情绪，具备人的视觉。 播放科幻片中的人工智能相关视频，引发学生对未来世界的猜想。 7. 实践活动 在以下活动中，任选一个，加以完成。	思考相关的安全问题。	让学生形成相关的安全意识。

· 104 ·

(续表)

第一课时　生成式人工智能与智慧生活				
教学阶段	教师活动	学生活动	设计意图
解决问题新知探究	活动（1）让"讯飞星火"大语言模型成为我的口语小助手。 活动内容：利用"讯飞星火"大语言模型，完成一段口语练习对话，截图保存对话内容，分享练习感受和使用心得。 活动（2）我和AI办画展。 活动内容：与人工智能合作，举办以"丰收的秋天"为主题的画展。	根据微课提示，利用"讯飞星火"大语言模型完成口语练习对话。 分组策划并创作以"丰收的秋天"为主题的AI画作，进行展示交流，最后总结与反思。	探索AI技术在语言学习中的辅助应用。通过人机协同创作的画展活动，引导学生体验AIGC在设计中的辅助作用，培养其创新思维与团队协作能力。
课堂小结	今天我们通过了解生成式人工智能最新进展，知道了它发展非常快。生成式人工智能可以在很大程度上自动创作内容，帮助我们提高生产效率，释放人们的时间。然而，生成式人工智能也带来了一些挑战和道德问题。例如，如何应对虚假信息和欺骗性内容的生成，以及如何确保生成的内容符合社会价值观和法律法规。因此，在未来社会，我们必须积极面对这些挑战并解决道德问题，以确保人工智能的良性发展及其对社会的积极影响。	思考并回答问题。	引发学生的深度思考。形成相关的保护意识和法律意识。

四、学习效果评估表

1. 学习态度评价

评价标准	出色完成	完成较好	完成一般	完成不好
分值	5	4	3	2

	评价内容	自评	互评
学习常规	（1）积极思考，完成课堂实践活动。		
	（2）认真倾听老师讲课，积极回答问题。		
	（3）认真倾听同学发言，主动找出与自己观点的异同之处，发表自己的观点。		
合作交流	（4）主动与同学交流，采纳他人好的建议，发表自己的观点。		
	总分		

2. 知识性评价

学习目标	新手	学徒	熟练	出色	完美	自评	师评
能够理解生成式人工智能的基本概念和基本功能。	不能理解生成式人工智能的基本概念和基本功能。	需要较多帮助才能理解生成式人工智能的基本概念和基本功能。	在较少帮助或提示下，可以理解生成式人工智能的基本概念和基本功能。	能够理解生成式人工智能的基本概念和基本功能。	能够主动思考如何将相关技术应用于其他领域。		
了解如何向大语言模型提问。	不知道如何向大语言模型提问。	需要较多帮助才能向大语言模型提问。	在较少帮助或提示下，可以向大语言模型提问。	能够准确表达自己的需求，向大语言模型提问。	能够主动探索其他向大语言模型提问的方式，让人工智能更好地为我们服务。		
了解国内外在生成式人工智能方面的法律法规，提供生成式人工智能产品或服务时应遵守法律法规，遵守社会公德、公序良俗。	不了解国内外在生成式人工智能方面的法律法规。	了解国内外在生成式人工智能方面的法律法规。	了解国内外在生成式人工智能方面的法律法规，不了解提供生成式人工智能产品或服务时应遵守法律法规，遵守社会公德、公序良俗。	了解国内外在生成式人工智能立法方面的措施，知道提供生成式人工智能产品或服务时应遵守法律法规，遵守社会公德、公序良俗。	在未来生活中，能够遵守相关法律法规，遵守公序良俗，让人工智能向健康、安全方向发展。		

五、总结

通过前面章节的学习，学生已经理解人工智能中"模型"的概念，而大语言模型正是一个特殊的模型。它是基于深度学习技术和大规模数据训练得到的强大的自然语言处理模型，可以完成文本生成、问答、翻译等多种自然语言处理任务。大语言模型的训练过程涉及海量的文本数据，使其具备了惊人的创作能力，它能够根据输入的提示内容生成富有实际意义的文本。

整个教学过程中，学生在互动和实践中逐步了解生成式人工智能的概念、特点和应用，进而加深对人工智能技术的理解和认知。通过"向生成式人工智能提问"和"口语小助手"等活动，使学生更容易理解大语言模型可以为人们的学习和生活带来巨大的便利和创造力。同时，学生也应意识到人工智能虽然强大，但仍然有其局限性，需要人类加以规范和引导，以确保其对社会产生积极影响。